I0012639

À Greg Heitz, qui m'a ouvert les yeux sur le métier du test, et qui a ouvert les siens pour relire ce livre.

Valentin

Je dédie ce livre à ma Maman qui m'a inscrit à ce concours où je ne pensais pas aller,

à Charlène qui m'a encouragé et soutenu pendant cette aventure,

à Capucine et Charlie qui ont accompagné de leurs jeux d'enfant l'écriture de ce livre.

Henri

LE CHAÎNON MANQUANT

....

VALENTIN GUERLESQUIN

HENRI BIGOT

1

Voilà plusieurs semaines que Louis s'attachait à mettre en place une stratégie de test pour son nouveau projet : l'introduction des tests automatisés au sein d'une initiative majeure. En acceptant cette mission il s'était retrouvé face à de sérieux défis. Cette initiative audacieuse choisie par la Compagnie combinait enjeux règlementaires, obsolescence des systèmes en place et gains financiers substantiels liés à des économies d'opération.

Chaque semaine, l'une des firmes de consultants faisant affaire avec son employeur lui présentait les avancées du mandat. Leurs rapports étaient de peu d'intérêt. Beaucoup de temps passé sur des tableaux comparatifs d'outils de test automatisé, quelques conseils sur l'organisation des tests dans un contexte agile, en bref du contenu accessible sur Internet. Cela ne l'inspirait guère.

Culturellement la Compagnie avait pour habitude de tout planifier. Le service informatique aimait les procédures et voyait dans ITIL la garantie de livrer le bon produit au bon coût et parfois dans les délais. Un groupement dédié aux tests des applications, le Bureau des Tests, avait produit de nombreuses procédures, des gabarits de documents et autres artefacts liés au test. Les bons employés étant ceux qui suivaient les protocoles, remplissaient l'ensemble des documents et s'assuraient de les faire approuver par à peu près tout le monde dans la Compagnie.

Cependant, celle-ci prônait depuis quelques années l'agilité. Agir vite, supprimer les interactions inutiles, privilégier le nécessaire au superflu ressenti : tels étaient les mots d'ordre. L'objectif annoncé était clair : être en mesure de livrer plus rapidement les logiciels à la ligne d'affaire, avec toujours un souci de qualité.

Il était 17h30 lorsque Louis se présenta devant le bureau de Denis. Il cherchait depuis le matin la réponse à une question, apparemment simple, posée par le chef de projet de son initiative : quel sera le coût des tests et plus particulièrement celui des tests automatisés ? Son chef de projet voulait évaluer le retour sur investissement...

Denis, lui, avait pour mission de faire en sorte, qu'au sein de la Compagnie, le test automatisé devienne une réalité. Pour atteindre ce but il travaillait avec son équipe à introduire des modèles différents, à changer les approches traditionnelles du test très ancrées dans l'organisation. En entrant dans le bureau, Louis était embarrassé. Cela faisait quelques années déjà qu'il travaillait dans des groupes de test logiciel, pour autant il n'avait jamais été impliqué dans des démarches d'automatisation des tests. Il en avait entendu parler bien sûr mais il n'avait jamais eu l'occasion de les pratiquer. D'ailleurs Louis ne se considérait pas comme un grand technicien. Son domaine à lui c'était plutôt l'organisation des équipes.

« As-tu seulement une idée du périmètre de l'initiative ? demanda Denis. Avez-vous déjà les *epics* de définies, ou une idée des fonctionnalités qui vont être livrées ?

- Pas vraiment, c'est beaucoup trop tôt dans le projet. Nous savons que nous allons commencer par livrer à l'antenne de la Compagnie en Asie, mais je t'avoue que pour le moment je ne sais pas bien ce que cela veut dire.

- Alors comment tu espères savoir combien ça coûte de tester ? s'exclama Denis.

- Tu sais ce que c'est, répondit Louis d'un air ennuyé. Nous devons faire le document de stratégie de test, et ça inclut l'estimation des coûts…

- C'est pas agile, rétorqua sèchement Denis.

- Si ! Il est prévu qu'on livre en mode agile !

- Non, ce n'est pas ça que je te dis. Ce n'est pas agile de vouloir d'emblée estimer les coûts des fonctionnalités, pour l'ensemble de l'initiative. »

Louis faisait face à un problème assez courant. Les grandes organisations appliquant une approche traditionnelle pour livrer leur logiciel, le « virage agile », ne s'accompagnait pas forcément du changement d'état d'esprit nécessaire dans la façon de le livrer. Les chefs de projets, reconvertis en *Scrum Master*, adoptaient le rythme des *Sprints*, le vocable, mais tenaient toujours à planifier d'avance les coûts, échéances et ressources pour l'ensemble du produit.

Denis avait vu quelques jours plus tôt, dans le cadre d'une autre initiative, un ancien chef de projet, promu au rang de *Product Owner,* présenter le plan de livraison d'un nouveau produit pour les dix-huit mois à venir. Tout y était : les *Sprints*, le contenu, le poids de chacune des *User Stories*, toutes les dates de *Release*. Tout cela il l'avait fait seul, l'équipe de développement n'ayant pas encore été constituée. Denis et ses collègues en charge de la transformation des pratiques en étaient consternés. Pourtant le reste de l'audience semblait satisfait : preuve était faite que l'agilité et *Scrum* pouvaient être structurés et prédictifs !

« Il y aura combien de personnes à travailler sur cette initiative, et pour combien de temps ? » demanda Denis.

« C'est un truc de plusieurs années. Le produit va devoir être déployé sur tous les continents. Donc il n'y a pas vraiment de date de fin.

- Et l'équipe, t'as une idée de sa taille ?

- Peut-être une cinquantaine...

- Cinquante développeurs ? Waouh ! C'est beaucoup, s'exclama Denis.

- Non non, des développeurs il y en aura une vingtaine. Plusieurs *squads*, des groupes de quatre ou cinq. Dans les cinquante personnes, je compte les chefs de projets, les *scrum masters*, les *product owners*, les *managers*, les analystes... tout ce monde quoi !

- Ok. Mais dis-moi, cinq testeurs pour vingt développeurs ça te semble défendable ? Tu penses qu'ils seront capables de tester le produit au fur et à mesure des livraisons ?

- Probablement, commença Louis...

- Avant toute chose, tu devrais plutôt parler de capacité au chef de projet et constituer une équipe qu'il te faudra former au test automatisé. Si cinq te semblent suffisant pour tester le produit, demande dix testeurs au total.

-Le double ? s'exclama Louis. Mais pourquoi le double de ce qui nous parait nécessaire ? Je vais avoir du mal à défendre ça !

-Parce que tu risques d'en perdre en route. Tous ne réussiront pas à être efficaces pour faire du test automatisé, ou alors cela ne leur plaira pas. Admettons que cela concerne cinquante pour cent de ton équipe, ça te laissera donc cinq testeurs automatisés, au final l'effectif conforme au dimensionnement que tu as imaginé.

-Oui mais j'aurai trop de monde après pour faire les tests, qu'ils soient manuels ou automatisés. »

Denis n'avait jamais eu l'occasion d'expliquer à Louis son approche dogmatique des tests automatisés. Leurs différentes rencontres avaient toujours eu lieu en présence du fournisseur d'une partie de la solution, ou de la compagnie de consultation, ou des deux. Ces situations n'étaient pas propices à une discussion franche. Aujourd'hui c'était enfin possible.

« En fait, commença Denis, tu ne veux pas faire de tests manuels. Tu ne dois pas en faire. Considère que ta stratégie repose intégralement sur le test automatisé. Ton groupe va devoir tester tout ce qui sera nécessaire et suffisant pour obtenir la confiance dans le produit et cela de façon automatisée.

Dans une stratégie comme celle-ci, tu ne laisses aucune place au test manuel. *Out.* Tu n'en veux pas. Mais soyons d'accord, on parle de la stratégie, de ce que tu vas proposer comme approche. On le sait toi et moi, que ça n'arrivera pas... Du moins, pas au début... Mais en affirmant cela, en le partageant et en le faisant admettre par le *management*, tu poses le décor. Tu vas dire clairement : le test automatisé n'est pas une option mais bien le cœur de notre stratégie de test.

Au début, tu vas devoir former ton équipe. Vous serez nuls. Et oui ! Vous n'allez sûrement pas être capables d'automatiser les tests appropriés pour ce qui va être livré par les développeurs. Et ça, c'est parfaitement normal.

Avec dix testeurs par exemple, vous pourrez faire un cinquième seulement des scripts nécessaires à chaque sprint. C'est donc quatre-vingt pour cent du reste qu'il faudra continuer à exécuter manuellement. C'est aussi pour ça, qu'au début, il faut que vous soyez bien plus nombreux que nécessaire. »

Denis savait que l'équipe en ferait moins au début. Il estimait que le compte serait probablement de deux à cinq pour cent. Mais là, il ne fallait pas décourager Louis tout de suite. Vingt pour cent c'était un chiffre rond, facile à utiliser pour sa démonstration.

« Maintenant, envisageons que tous tes testeurs réussissent leur conversion vers le test automatisé. Je veux dire par là que tous pourraient aimer ça et au final avoir les qualités requises pour devenir des développeurs de tests automatisés. Ça serait une bonne nouvelle, parce que tu te retrouverais avec cinq personnes en trop. Plein de gens dans l'organisation seront ravis que tu les aies déjà formés : tous les managers ont eu pour directive d'introduire du test automatisé dans leurs équipes, mais ils ne trouvent personne sur le marché de l'emploi.

Et puis au fur et à mesure que ton équipe va gagner en maturité, ceux qui n'accrocheront pas auront toujours une place en tant que testeurs manuels, que ce soit sur cette initiative ou ailleurs.

- Et comment choisir les tests à automatiser, et ceux à garder en test manuel, demanda Louis ?

- Tu n'as pas écouté ce que je viens de dire. Vous devez considérer qu'absolument tous les tests doivent être automatisés. C'est ça, le Dogme ! Ceux qui ne le seront pas, dites-vous que c'est anormal. Faire ces tests de façon manuelle, ça sera la pénitence de ton équipe ! C'est un peu comme ça que les croyants rachètent leurs péchés, non ? C'est pour cela que j'appelle ça un Dogme.

- Ok, je comprends. C'est la posture qui est importante. Qu'on partage la cible et qu'on fasse tout pour l'atteindre. J'imagine qu'au fil des sprints on va apprendre, être plus à l'aise, plus efficaces et arriver progressivement au cent pour cent. Mais ma question reste entière, tu n'y as pas répondu : lesquels on automatise en premier, puisqu'on ne va pas être capables de tout faire au début ?

- Si vous étiez expérimentés, je te dirais de commencer par ceux qui sont les plus compliqués à faire manuellement, ceux qui ont le plus de chances de trouver des défauts. Mais voilà, si vous étiez expérimentés dans le test automatisé, tu ne serais peut-être pas là à m'empêcher de rentrer chez moi…

Alors je vais te conseiller autre chose : commencez par les tests simples, par les tests qui parlent à tous. D'abord parce que toute l'équipe les comprendra, mais aussi parce que ça rassurera tout le monde. C'est ce que la plupart des gens attendent des tests automatisés : faire des choses à faible valeur ajoutée pour un humain. En leur montrant au début ce qu'ils s'attendent à voir, cela vous aidera à continuer, à obtenir le support du management. L'essentiel, c'est de commencer. Ensuite, votre objectif sera de progresser constamment. Mais vous n'atteindrez probablement jamais le cent pour cent.

- Pourquoi ça ?
- Pour différentes raisons. Disons que certains aspects ne seront peut-être pas automatisables. Mais vous ne choisirez pas. Vous ne pouvez pas savoir lesquels et combien aujourd'hui, alors conservez cette cible de cent pour cent. Tu auras l'occasion de découvrir par toi-même les situations qui t'éloigneront de ta cible quand elles se présenteront. »

Louis commençait à entrevoir l'approche prônée par son collègue. Et ça lui plaisait. Il y avait encore beaucoup d'éléments flous dans son esprit mais ce que venait de lui dire Denis lui semblait cohérent. L'idée d'être un peu dogmatique, intransigeant sur l'approche, avait aussi quelque chose de grisant. Il avait l'impression que des milliers de questions se bousculaient dans sa tête mais il avait du mal à les formaliser. Et puis, surtout, ce n'était pas ce que le chef de projet lui avait demandé.

« Bon, je comprends ton idée. Mais je lui dis quoi au chef de projet ? Il veut des chiffres lui, en dollars. Il ne m'a pas demandé de lui ramener les Tables de la Loi des tests automatisés, avec ton Dogme !

-Tu lui dis que ce qu'il demande c'est contradictoire avec l'approche agile que vous voulez adopter. Demander le coût de quelque chose avant même de définir le contenu, *Scrum* ou *Waterfall*, de toute façon c'est un contresens. Dis-lui d'aller se faire voir, ajouta Denis bruyamment.

- Pas question que je lui réponde ça !

- Elle en pense quoi ta boss de l'automatisation des tests ? C'est elle la patronne de l'initiative, non ?

- Elle y croit. Elle tient à ce que nous ayons globalement une approche DevOps. Elle m'a donné pour mission de nous mettre aux tests automatisés.

- Alors va la voir. Si tu y crois, raconte-lui ce qu'on vient de se dire. Présente-lui ta stratégie. Parle-lui de capacité plutôt que de coût. Parle lui de cible et d'attitude plutôt que d'inventaire de tests à automatiser. Fais-en ton alliée. Vous réglerez vos comptes avec le chef de projet plus tard.

- Et si elle n'accroche pas ?

- Change de job ! La vie est trop courte pour perdre son temps à faire des trucs débiles, tu n'es pas d'accord ? »

Décidément, Louis trouvait son collègue direct dans ses propos. Il avait eu peu d'occasions de le côtoyer jusqu'à présent. Il ne semblait pas être dans la demi-mesure ce Denis ! Pour Louis, c'était inquiétant et grisant à la fois. Denis, lui, lisait sur le visage de Louis que sa dernière idée l'effrayait un peu.

« Plus sérieusement, repris Denis, dis-toi qu'il y a plein de boulot dans l'organisation. Tu vois, ton projet, il est gros, il va te prendre plusieurs années. Alors pose-toi quelques secondes, et imagine-toi batailler avec une approche à laquelle tu ne crois pas... Plusieurs mois, plusieurs années... On est d'accord, ça ne donne pas envie ! C'est maintenant que tu as l'occasion d'orienter ça d'une façon intéressante, au début. Alors profites-en. Si tu n'y arrives pas, si tu n'as pas l'écoute dont tu as besoin, au moins tu auras essayé. »

Louis et Denis se quittèrent sur ces propos. Louis était enthousiaste. Il avait l'impression d'avoir entrevu une approche du test plus cohérente que celle qui lui avait été proposée jusqu'alors. Surtout, il n'aimait pas faire des estimations de coûts en début de projet. Il trouvait cela chronophage et trop incertain. Il avait l'impression, à chaque fois, de devoir faire trop de suppositions, d'avancer des hypothèses qui ne se vérifiaient jamais. L'approche de la capacité, ça lui simplifiait la vie. Il lui restait à convaincre sa boss. Demain il irait lui parler.

Denis, de son côté, était un peu circonspect : c'était la première fois qu'il était aussi direct avec un de ses collègues venu chercher conseil. Il se demandait l'effet que cela aurait. De son point de vue, du fait des nombreuses présentations auxquelles il avait dû assister, tout cela prenait une mauvaise tournure. Les consultants déroulaient leur procédure de vente du test automatisé, ne menant à rien si ce n'est à facturer. Denis connaissait trop bien cela et il en était agacé. D'une certaine façon, peut-être que Louis avait besoin d'être secoué un peu, tout comme la Compagnie.

À RETENIR

· *Le dogme et l'intransigeance, même de façade, permettent de s'entendre sur la cible à atteindre et sur les moyens pour y arriver. La demi-mesure est un ennemi dans le contexte de la transformation des pratiques.*

· *Le test automatisé n'est pas lié au modèle de livraison logiciel. L'approche du test automatisé doit s'adapter à celui-ci. Il est important d'adopter les mêmes valeurs pour la pratique du test automatisé dans des approches agiles, basées sur la capacité, le rythme, et l'amélioration continue des pratiques de livraison.*

· *Une marge d'erreur est nécessaire. Le nombre de personnes constituant l'équipe doit être supérieur à celui que vous avez envisagé. En effet, celles et ceux qui n'arriveront pas à devenir des développeurs de tests automatisés auront toujours leur place dans l'organisation. Si, à l'inverse, vous avez la chance de réussir la reconversion de tous, votre organisation sera ravie de placer vos développeurs en surnombre dans ses nombreuses initiatives en demande de personnel qualifié.*

· *L'important est de commencer puis de chercher à s'améliorer continuellement.*

2

. . . .

En descendant prendre un café Louis repensait aux deux semaines passées depuis sa conversation avec Denis. Il avait pris le temps de murir les informations reçues ce jour-là et avait commencé par faire ce que lui avait proposé son collègue : avoir une discussion ouverte avec Jung, sa responsable.

Tandis qu'il attendait sa commande il entendit quelqu'un l'interpeller.

« Alors, t'as pas encore abandonné ? »

C'était Denis. Il venait d'apercevoir Louis et, avec une certaine malice et un soupçon de curiosité, il profitait de l'occasion pour prendre de ses nouvelles. Il se demandait s'il avait réussi à le convaincre.

« Hey salut Denis, tu veux un café ? Tu as cinq minutes ? J'ai parlé à ma boss, elle a embarqué !

- Tu vois, ce n'était pas si terrible… »

Louis sourit et ils s'installèrent à une table de la cafétéria.

Louis commença par lui rapporter ses avancées des deux dernières semaines. Il avait pris le temps d'expliquer à ses collègues l'approche de test qu'il comptait adopter et, avec Jung, ils l'avaient suivi : *all-in* ! Cela leur semblait correspondre aux orientations de la Compagnie. Et surtout, c'était plus rafraîchissant que les stratégies de test qu'ils avaient l'habitude de se voir présenter.

Le principe consistant à prendre deux fois plus de testeurs qu'il semblait nécessaire avait été accepté par l'équipe. Cela avait été moins aisé avec Jung mais ses explications suffirent à la convaincre. En effet, elle avait parfaitement compris que, comme n'étant pas des habitués du test automatisé, quantifier le nombre de testeurs était difficile et que l'apprentissage en laisserait peut-être quelques-uns sur le bord de la route.

« Elle est intelligente ta boss, et tu sembles en avoir fait une alliée.

– Oui, et elle a clairement annoncé qu'elle savait déjà dans quels groupes envoyer les testeurs qui n'arriveraient pas à faire la transition. Elle a une bonne vision d'ensemble et connait les besoins des autres. Aussi, quand je lui ai dit qu'on pourrait avoir plus de gens capables de faire du test automatisé que nécessaire, elle a ri en disant qu'elle connaissait encore plus de groupes qui en avaient besoin... Du coup j'ai commencé à constituer l'équipe. »

Sur ce sujet, Louis avait des idées bien précises : il souhaitait avant tout trouver des personnes motivées, prêtes à relever le défi de l'apprentissage technique. Il savait que, pour faire avancer un projet tout en passant du temps à apprendre la programmation Java et son environnement, il fallait faire preuve d'abnégation.

L'autre point important pour Louis était de laisser leur chance aux employés déjà présents. Après tout, il avait été analyste de test lui aussi et il connaissait bien la routine du test manuel et l'envie de changement ressenti après quelque temps dans ce secteur. Selon Louis, démontrer qu'il était possible de faire la transition vers une pratique du test automatisé avec les employés déjà présents dans l'organisation était important.

Denis écoutait attentivement son collègue. Louis semblait enthousiasmé et cela plaisait à Denis.

« Tu as raison, et cela te permettra de t'éviter quelques imposteurs, commenta Denis.

- Des imposteurs ?

- Oui. C'est une particularité des compétences à la mode. Comme tout le monde cherche des développeurs de test automatisé, tous prétendent "s'y connaître". Et comme en général, ceux qui font du recrutement n'en savent pas plus que toi aujourd'hui, ils se laissent avoir par le premier venu qui leur ressort quelques généralités trouvées sur Internet. »

Louis se doutait bien que Denis faisait allusion à la firme qui leur avait fait présentation sur présentation quelques semaines auparavant. Denis poursuivit :

« Une fois en situation, et comme tu n'as pas nécessairement les clés pour le détecter, cela pourrait te prendre un temps fou avant de te rendre compte que "l'imposteur" ne sait pas ce qu'il fait. En prenant ouvertement des débutants tu sais au moins à quoi t'attendre. »

Louis continuait son compte-rendu de la quinzaine passée. Après plusieurs entrevues il avait enfin un embryon d'équipe. Son choix s'était porté sur trois nouveaux diplômés et trois testeurs expérimentés, mais tous novices en automatisation. À sa petite troupe, il avait ajouté un responsable des données de test, avec pour objectif de faciliter le quotidien de l'équipe. Louis pressentait en effet que ce qui posait souvent problème dans le test manuel n'avait aucune raison d'être plus simple dans le test automatisé.

« Tu ne crois pas si bien dire, commenta Denis, la gestion des données de test n'est pas aisée. Mais nous aurons largement l'occasion d'en reparler bientôt.

- Je crois qu'il me manque quelqu'un, continua Louis. Je me retrouve avec plusieurs personnes motivées qui veulent faire de l'automatisation, mais sans vraiment en avoir les compétences. Et comme tu le sais, ce n'est pas moi qui vais être capable de leur apprendre quoi que ce soit.

- Ce n'est pas ce qu'on te demande. Tu n'es pas là pour ça.

- Oui mais c'est à moi que l'on a confié la transformation de cette pratique dans notre groupe.

- Ton rôle Louis, c'est de les encourager, de mener la barque. Tu es celui qui va animer l'ensemble et les faire bouger. Parle-moi plutôt de ceux que tu as choisi.

- Tu sais, je me suis surtout attaché à vérifier leur motivation et leur esprit d'équipe. Ce sont deux critères importants pour moi. Parce que je me doute bien que ça va être une longue aventure.

- Oui, tu as bien fait. Je ne veux pas te décourager mais c'est sûr qu'il te faudra de la volonté. Qu'est-ce qu'il leur manque selon toi ?

- Ils n'ont pratiquement jamais écrit une ligne de code. Peut-être à l'université, mais il faut reconnaître que dans le monde du test manuel ils n'ont pas eu l'occasion de pratiquer des masses.

- Alors il faut leur apprendre à coder et à utiliser des outils de développement. Qu'est-ce qu'il leur manque d'autre, selon toi ?
- Le côté automatisation. J'imagine que ce n'est pas tout d'apprendre à coder. Il doit y avoir quelques spécificités pour le test automatisé, non ?
- Un peu. Mais rien de bien méchant tu sais. Donc il n'ont jamais vu ni fait de test automatisé. Et leur connaissance en programmation, dans le meilleur des cas, n'est plus très fraîche...
- Tu penses que j'aurais du recruter des gens qui en avaient déjà fait ? demanda Louis. Tu penses que j'ai fait une erreur ?
- Tout de suite les grands mots... De quoi ont-ils besoin ? D'apprendre ? Alors apprends-leur.
- Mais je ne peux pas leur apprendre le Java, j'étais une bille dans les cours de programmation à l'université ... Un développeur pourrait, moi pas...
- Un développeur ? répéta Denis avec un grand sourire.
- Je me dis qu'un développeur ne voudra pas faire du test, objecta Louis, et en plus je me vois mal demander au management un développeur après avoir demandé autant de testeurs. »

Denis s'agaçait intérieurement. Il se rendait bien compte que Louis se mettait lui-même des barrières. Pourquoi ne pas oser demander un développeur pour son équipe alors même qu'il se rendait compte que c'était la chose à faire ? Il resta malgré tout compréhensif. Denis qui avait longuement travaillé dans des groupes de test savait combien, trop souvent, le test était considéré comme une variable d'ajustement. Lorsqu'il était question d'économiser du temps ou de l'argent le test était malheureusement la première victime. Il fallait toujours faire plus vite, moins cher, sous pression, et proposer de l'investissement était souvent voué à l'échec. Bien que le contexte ait changé, il restait encore de vieilles habitudes.

« Écoute Louis, je pense que prendre un développeur c'est vraiment une bonne idée. Il y aura plein d'avantages à ça. D'abord, tu vas pouvoir te reposer sur quelqu'un de technique et à vous deux vous pourrez prendre des décisions plus éclairées. Ensuite, il va consolider ton équipe et aider l'apprentissage de tes testeurs. C'est d'ailleurs un défi passionnant à relever et ça peut en intéresser plus d'un, crois-moi. Il va capter très vite comment fonctionne un *framework* de test et vous allez en avoir besoin. Enfin, tu vas pouvoir lui demander de faire le lien avec mon équipe. »

Louis resta silencieux un instant tout en finissant son café.

«Tu as raison, je vais y penser, dit Louis.

- N'y pense pas. Fais-le ! »

Denis prenait goût à paraître provocateur auprès de son collègue. Il avait remarqué que leur première rencontre avait produit son petit effet. Louis avait agi et semblait aimer ça. Pourtant leurs derniers échanges avaient été mal perçus. Certains pensaient qu'ils se disputaient. Les supérieurs de Denis et de Louis en avaient été informés et s'étaient inquiétés de la situation.

« Dis donc, tu n'étais pas supposé être fâché contre moi, demanda Denis. J'ai appris que je t'avais vexé.

- C'est amusant que tu me demandes ça, on m'a dit la même chose à ton sujet. »

Tout en lui racontant le fin mot de l'histoire, Denis se disait qu'il serait peut-être temps de lui adjoindre quelqu'un de son groupe pour les aider à plein temps. Si Louis obtenait un développeur dans son équipe, toutes les chances seraient alors de leur côté.

A RETENIR

· *Bien que les compétences techniques existantes soient des atouts pour engager un virage vers l'automatisation des tests, la motivation des membres de l'équipe est une des clés importantes du succès.*

· *On se limite trop souvent, par habitude ou résignation, dans ce que l'on croit possible de faire ou demander.*

· *L'engagement du management est essentiel à la réussite d'une transformation, son soutien est indispensable lorsque vous identifiez des besoins inhabituels. Ces besoins peuvent être humains ou matériels.*

· *Constituer une équipe hétérogène, avec des compétences et des expériences variées, est une bonne idée. Réunir des personnes à l'aise avec le test, d'autres plus expérimentées en développement et enfin des référents pour la gestion des données de tests est un exemple judicieux.*

3

....

« Tu manges quoi toi ce midi ? demanda Louis
- C'est du riz, avec une sauce à la façon de mon
pays : des tomates, des oignons, du piment, des
gombos, et surtout des épices. »
Presque toute l'équipe de test s'était réunie
autour d'une table de la cafétéria. Ils profitaient des
repas du midi pour découvrir progressivement
Mona. Elle avait rejoint leur groupe en début de
semaine. Détachée par Denis, elle avait pour
mission de les aider à mettre en place
l'automatisation des tests.

L'équipe ne savait pas encore vraiment à quoi s'en
tenir. Cela faisait quand même plusieurs semaines
qu'ils travaillaient sur le projet. Ils avaient participé
à pratiquement toutes les réunions de cadrage. Ils
commençaient à avoir une idée précise du produit,
de la façon dont ils allaient le tester. Ils avaient
même déjà commencé à écrire les cas de test haut
niveau qu'ils prévoyaient pour les premières
fonctionnalités.

Mona leur avait été présentée en début de semaine comme experte dans le test automatisé, mais jusqu'à présent elle n'en avait pas écrit un seul. Elle avait passé quelques jours à regarder les tests déjà rédigés dans Jira. Ses nouveaux collègues la voyaient prendre des notes dans un cahier bleu. Parfois Mona allait voir l'un ou l'autre membre de l'équipe, à la recherche d'explications sur ce qui était écrit.

« Alors dis-moi, demanda Louis, tu penses qu'on va pouvoir automatiser les tests que nous avons écrits ?

- Les automatiser, ça ne devrait pas être un problème je pense. De ce que j'ai compris du produit, la technologie ne sera pas un grand défi… »

Louis, comme le reste de l'équipe, avait noté un petit flottement dans les paroles de Mona.

« Et à part le coté technologique, tu identifies déjà des problèmes dans ce que nous faisons peut-être ? » poursuivit Louis.

Mona resta silencieuse quelques instants.

« Je les ai presque tous regardés depuis lundi. Et pour des tests manuels, ils sont bien écrits. Mais je crains que ça ne fonctionne pas pour des tests automatisés. »

Avec ces quelques mots Mona venait de capter l'attention de tous. Elle continua.

« Vois-tu, quand on fait des tests manuels on essaie d'optimiser nos actions. Par exemple, on va faire plusieurs vérifications dans un seul test. Et cela souvent pour éviter d'avoir à se déconnecter, se reconnecter et refaire tout le parcours avant d'atteindre le prochain point de vérification. Vos tests sont conçus comme ça. Ils permettent d'éviter de refaire les mêmes actions, ça économise du temps quand on fait des tests manuels. Mais pour des tests automatisés ce n'est pas ce que l'on veut.

Quand on fait des tests automatisés, un des gros aspects à maîtriser c'est l'analyse des résultats. Si on fait des scripts qui vérifient plusieurs éléments, lorsqu'il y a une seule chose qui échoue dans le test l'ensemble va être rapporté comme échoué. Même si cet échec concerne juste la couleur du bouton de validation du formulaire par exemple.

Si on fait des tests manuels, c'est facile : le testeur, rapporte un bug pour la couleur du bouton et continue son test. Le script de test automatisé, lui, ne fait pas ça. Il va s'arrêter pour dire que l'une de ses assertions n'est pas vérifiée. C'est pour cela qu'il faut que chaque script de test automatisé ait un objectif clair et bien précis.

-Alors on va devoir écrire des tonnes de tests ! s'exclama Michelle. Ça va être interminable...

Par exemple, quand on doit vérifier les éléments d'un formulaire on vérifie des tas de choses... Un script de test pour chacune des vérifications...»

Michelle avait une solide expérience dans le domaine du test logiciel. Elle était reconnue comme très organisée, précise, méticuleuse et avait souvent une vue d'ensemble des produits qu'elle testait, sans pour autant négliger les détails. Elle était très respectée de ses collègues, alors sa remarque avait jeté un froid.

« Pas nécessairement, reprit calmement Mona. C'est une vraie question ce que l'on considère comme un test... Prenons l'exemple du formulaire : on veut habituellement vérifier trois choses. D'abord que l'action associée au formulaire se comporte comme prévu, c'est l'aspect fonctionnel. On aura probablement plusieurs tests pour vérifier cet aspect : avec des données valides, ce que vous appelez souvent le *happy-path*, mais aussi avec des données alternatives ou non valides.

Ensuite, sur le formulaire en lui-même, on a tout un tas de choses à vérifier : que les contrôles des champs soient conformes, que les limites imposées sur les valeurs possibles soient bien appliquées. Beaucoup de ces vérifications pourront être regroupées dans un seul test. Donc on n'aura pas un test pour chacune des vérifications, mais bien un objectif par test, pas plus.

- Un seul test par objectif ? s'inquiéta Louis.

- Non, attention, reprit Mona. Un seul objectif par test, mais un objectif peut se retrouver dans plusieurs tests, car tout n'est pas vérifiable en une seule fois.

- Ok je comprends mieux : un objectif par test mais plusieurs tests pour couvrir une fonctionnalité. Et tu parlais d'un troisième aspect ?

- Oui. Dans certains de vos tests j'ai vu des choses qui suggèrent de vérifier l'apparence de la page, ou du formulaire par exemple. Alors ces tests-là on va aussi les faire à part. C'est un autre thème, un autre objectif, donc d'autres tests…

- On peut vérifier l'apparence d'une page Web avec un test automatisé ? », demanda Steve.

Steve était le référent technique, avec une expérience de développeur logiciel. Il avait accepté de rejoindre le groupe d'automatisation de tests avec intérêt quand Louis lui en avait fait la proposition. Sa curiosité d'abord, pour cette discipline qu'il ne connaissait pas, et ensuite son désir de jouer un rôle dans la formation de ses collègues, l'avaient convaincu sans peine.

« Oui, on a des outils pour ça qui utilisent de l'intelligence artificielle mais qui restent très simples à intégrer. Je te montrerai à l'occasion.

Mais laisse-moi revenir sur le sujet de l'analyse : l'idéal, ça serait que les tests soient suffisamment atomiques, qu'ils vérifient une chose suffisamment précise pour que le nom du test nous permette de savoir ce qui a échoué lorsque ça arrivera. Parce que crois-moi, parcourir les traces d'exécution pour retrouver ce qui a raté ça prend beaucoup de temps !

– Ça va quand même faire beaucoup de scripts à écrire, objecta Michelle. Ça ne va pas nous prendre trop de temps d'écrire tous ces scripts de tests, des *tests atomiques* comme tu dis ? Et puis, est-ce que ce ne sera pas trop long à s'exécuter ?

– J'imagine qu'on peut réutiliser du code, comme on le fait en développement... commença Steve.

– Oui, tout-à-fait, continua Mona. On a le concept de *Page Object* par exemple. Il permet de réutiliser beaucoup d'éléments de code qui identifient les éléments dans une page Web. Mais tous les mécanismes des bibliothèques permettent de créer des morceaux réutilisables aussi.

Pour ce qui est du temps d'exécution, le côté pratique des scripts automatisés c'est qu'on peut les rouler en parallèle. Un peu comme si on embauchait autant de personnes qu'on a de tests à faire, mais pour quelques minutes seulement. En faisant des tests manuels c'est impossible, mais les tests automatisés nous le permettent. Donc en fait, on aura fort probablement les résultats de nos suites de tests plus rapidement que si on les exécutait manuellement. »

Avec ces explications Michelle semblait rassurée. Bien entendu, il lui fallait voir et faire pour être définitivement convaincue : c'était sa façon à elle de maîtriser les choses. Mais elle sentait que sa nouvelle collègue connaissait bien son sujet et ne semblait pas surprise de ses questions. Et surtout, elle commençait à entrevoir une certaine puissance dans le test automatisé qui allait lui permettre de réaliser des choses qui semblaient impossibles avant.

« Mais dis-moi, reprit-elle, est-ce que l'on peut imaginer écrire des tests qui vont utiliser différentes données en entrée ? Parce que du coup on va pouvoir exécuter un test avec toutes les données possibles. Et c'est quelque chose qu'on ne peut pas faire en manuel.

- On peut effectivement exécuter un test avec différentes données d'entrées. On peut aussi donner les valeurs attendues dans chacun des cas. Ça permet d'avoir un seul script pour plusieurs cas différents à tester. On appelle ça le *Data Driven Testing*. Et il y a certains cas où c'est très utile.

Mais attention ! Un test doit apporter quelque chose. Ajouter des données d'entrées avec pour seul effet d'augmenter le nombre de tests réalisés ça ne sert à rien. Il ne faut pas tomber dans le piège de l'exhaustivité : vous le savez, les tests exhaustifs sont impossibles. Ça reste vrai quand on fait des tests automatisés. »

À RETENIR

- Faire des tests automatisés, ce n'est pas automatiser les tests manuels.
- Les tests manuels sont souvent écrits de façon à optimiser les actions manuelles. Ils profitent des capacités exceptionnelles du cerveau humain : analyser rapidement des situations complexes et prendre des décisions.
- Les tests automatisés s'arrêtent à la première erreur rencontrée.
- Il est mieux de privilégier des tests le plus atomique possible : un test pour un objectif, voire plusieurs tests par objectif si nécessaire. Cela facilite l'analyse des résultats.
- Le parallélisme d'exécution, l'utilisation de Patterns comme PageObject, ou la création de bibliothèques réutilisables sont des leviers importants des tests automatisés.

4

. . . .

L'invitation avait été envoyée à Louis et Denis avec pour titre « Outils de test », sans autre forme de précision. Une rencontre d'une heure sur le temps du repas, organisée par le chef de projet, avec pour commentaire « Seule disponibilité pour cette semaine ». Habituellement Denis refusait ce genre de réunion. D'abord parce que ses journées étaient bien suffisamment occupées pour ne pas respecter la pause repas, ensuite parce qu'il savait d'avance ce qu'il allait entendre. Selon lui, cela pouvait bien attendre une semaine ou deux. Mais Louis lui était sympathique, il ne voulait pas le laisser seul avec le chef de projet.

Le rôle du chef de projet était d'organiser l'activité de l'initiative : planifier, gérer le budget avec les comptables, s'assurer d'avoir les ressources humaines et matérielles nécessaires à la réalisation de l'initiative. Celui-ci semblait prendre son rôle à cœur : il était à l'origine de l'intervention de la firme de consultation et il avait insisté pour qu'elle réalise les présentations autour du test automatisé, auxquelles Denis et Louis avaient dû assister.

Il avait par ailleurs donné un mandat préliminaire à cette firme, avec pour objectif de produire une étude des différents outils d'automatisation des tests existants. Un autre mandat leur avait été confié, celui de proposer une organisation des groupes de livraison et de test pour cette initiative. Il avait même été question que le développement et l'intégration de la solution soient confiés à un prestataire externe, mandat pour lequel, évidement, la firme de consultation semblait bien placée.

Tout cela avait été mis partiellement de coté, lorsque Jung, responsable de l'initiative, avait annoncé que l'objectif de la Compagnie était d'être pleinement en maîtrise de la livraison de son produit. Cela excluait par nature l'option de tout confier à un prestataire externe. De nombreux collègues avaient rejoint Louis pour prendre en main le développement et l'intégration.

« Merci d'avoir décalé votre heure de *lunch*, commença le chef de projet à l'attention de Louis et Denis, vous n'étiez pas disponibles en même temps cette semaine en dehors de ce créneau horaire et je voulais que nous prenions des décisions sans tarder. »

Denis et Louis, de leur côté, avaient surtout le sentiment qu'ils seraient privés de déjeuner, leur planning étant déjà rempli pour le reste de la journée.

« Vous le savez, nous avions mandaté la firme de consultation pour réaliser une étude nous permettant de choisir le meilleur outil du marché. Cependant il semble que les orientations aient un peu changé et j'aimerais que nous puissions justifier l'investissement que nous avons fait. Je pense en particulier qu'il est urgent de déterminer quel outil de test automatisé nous allons utiliser. J'ai appris Louis que tu constituais ton équipe. Assure-toi qu'elle maîtrise l'outil que nous sélectionnerons, c'est important.

- Oui, répondit Louis, en fait j'ai pris des personnes débutantes dans le test automatisé, elles ont surtout une expérience du test manuel mais on s'est donné l'objectif de les former. »

Le chef de projet resta perplexe. Habituellement dans la Compagnie les équipes étaient constituées de personnes expérimentées. Mais ce n'était pas la première fois qu'on lui annonçait une décision qui paraissait absurde de prime abord.

« D'accord, mais tu sais que la firme de consultation nous a proposé des candidats pour ton équipe ? Ils proposent aussi de nous aider à la formation pour l'outil qui ressort de leur étude. D'ailleurs, avez-vous eu l'occasion de lire leur rapport ? Étiez-vous dans la diffusion du courriel ?

- Oui, répondit Denis. C'est sans intérêt. On peut s'en passer. La firme que nous avons engagée sur ces mandats a bien évidement en tête l'idée de nous vendre d'autres choses. Reprenons rapidement ce qu'ils nous ont envoyé. Pour faire simple, ils nous ont vendu deux semaines de travail de deux de leurs gars à plein temps pour nous livrer un document PowerPoint.

Dans ce document, ils nous ont listé quatre outils de *scripting* de test automatisé : trois outils payants et un outil gratuit. Pour deux des trois outils payants, sans chercher bien loin, je peux te dire qu'ils n'ont rien à faire là. Ce sont probablement des faire-valoir. »

Pour avoir travaillé au sein de ces firmes pendant les premières années de sa carrière, Denis connaissait très bien leurs pratiques de consultation.

« Un faire-valoir, expliqua-t-il, c'est quand on joint à ce qu'on cherche à te vendre un produit moins intéressant. Une rapide recherche sur les sites des éditeurs de ces deux outils devrait te faire réagir.

Quand au dernier produit payant, il l'ont mis en face de Selenium, qu'ils ont considéré comme un outil de test automatisé gratuit. Ça tombe bien, le *framework* de test que mon équipe met à disposition utilise Selenium. Mais, regarde bien : comme par hasard, le produit payant apparaît dans leur étude comme étant plus efficace que Selenium. Ils veulent vendre leur produit...

- Je pense que tu leur prêtes de mauvaises intentions, nous achetons nos licences directement auprès des éditeurs, sans intermédiaire. Il n'ont pas de vente à conclure ici...

- Détrompe-toi, reprit Denis agacé. La firme de consultation en question est référencée comme *Platinium Partner* de l'éditeur. Dans des cas comme ça une entente préalable existe souvent entre l'éditeur et ses partenaires. Elle stipule qu'il leur suffit de signaler à l'éditeur leur action d'avant-vente pour toucher une commission sur la transaction une fois conclue. Et bien entendu, en tant que *Platinium Partner*, ils se voient confier par l'éditeur les mandats de formation ou de services en rapport avec le logiciel, dans leur zone géographique. N'as-tu jamais remarqué que ces fameux *Platinium Partners* sont généralement répartis sur le territoire sans vraiment se faire concurrence ? Ce n'est d'ailleurs pas étonnant qu'ils t'aient dit avoir des consultants pour t'aider à utiliser l'outil. »

De son côté, Louis n'avait jamais aimé que des firmes de consultation prennent presque tout en charge. Alors qu'il se sentait investi d'une certaine responsabilité envers le produit, il avait le sentiment d'en perdre le contrôle. Pour autant il n'avait pas envisagé cet aspect que Denis leur exposait et en découvrait les rouages.

« Mais le *business case* semble solide, insista le chef de projet. Les chiffres nous montrent, indépendamment de ce que tu dis, que l'outil qu'ils proposent va nous apporter un retour sur investissement dans l'écriture des tests automatisés par rapport à l'outil gratuit, Selenium.

- D'accord, sembla concilier Denis. Mettons de côté le fait qu'ils soient juge et partie. Prenons juste leurs chiffres : le bénéfice qu'ils évaluent couvre en effet largement, après quelques mois, le coût de la licence. Mais ce bénéfice, ils le calculent en prenant comme référence le coût de la réalisation de la même chose avec l'outil gratuit. Et c'est là que ça pose problème…

- Comment ? Les chiffres sont faux ? demanda Louis.

- Non, ils ne sont pas faux. Seulement, ils ne comparent pas les mêmes choses. Selenium n'est pas un outil de test automatisé. C'est une bibliothèque pour manipuler des navigateurs Web. Tu ne peux pas comparer ça à un outil complet. Il manque plein de fonctionnalités pour que ce soit comparable. On appelle ça un *framework* de test. »

Denis commença à dessiner un schéma explicatif sur le tableau de la salle de réunion :

« Un *framework* complet comprend d'abord un langage. A peu de choses près tu peux écrire des tests automatisés dans tous les langages informatiques. Le bon choix, c'est de prendre un langage répandu dans ton équipe, ton groupe et la Compagnie. Ici, nous faisons surtout du Java, mais si nous étions plus orientés .Net, tu pourrais faire pareil en .Net.

Ensuite tes tests vont être écrits dans un format particulier. C'est littéralement le *framework* de test. Pour faire simple, en Java tu as principalement le choix entre JUnit et TestNG. L'un comme l'autre sont répandus, connus des développeurs car ils sont aussi utilisés pour faire des tests unitaires.

Tes scripts vont faire partie d'un projet de développement puisque pour les exécuter, techniquement, tu vas compiler un projet Java. Donc ton projet de test utilisera un outil tel que

Maven. Maven est un outil de construction de produit logiciel : ta suite de tests sera un produit logiciel comme un autre.

Tes scripts de test vont ensuite devoir manipuler l'application à tester. Pour cela tu vas utiliser des bibliothèques. Pour les applications Web le plus souvent on utilise Selenium WebDriver. C'est ce qu'ils ont mis dans leur étude en expliquant que tout le reste, que je t'ai cité, restait à construire. C'est pour ça qu'ils ont dit que le coût de mise en oeuvre était plus élevé qu'avec l'outil payant... Alors forcément, ils n'ont pas évalué deux choses comparables.

- Mais il faudra bien payer les licences pour tous les outils que tu as cités, remarqua le chef de projet. Et puis il me semble bien que construire tout ce *framework*, comme tu dis, va nous prendre du temps, alors que l'outil qu'ils proposent...

- Tous les outils que je t'ai cités sont *open-source*[1]. Et gratuits ! Quant à les assembler, c'est déjà fait. Je t'ai dit tout à l'heure que mon équipe met à disposition un *framework* de test complet qui inclut tout, ainsi qu'un système de gestion des données, de rapport automatisé... Et l'ensemble s'intègre avec les autres outils de l'organisation. Et puis ils ont occulté des aspects importants dans leur étude : comment leurs outils s'intègrent dans ce

---

[1] Java dispose d'implémentations *open-source*. Voir OpenJDK par exemple.

que nous utilisons déjà, tels que Jenkins, Jira, Git, et surtout seront-ils adaptés aux compétences techniques de nos employés. »

C'était sur ce point-là que Denis insistait le plus. Selon lui il était essentiel de prendre en considération les habitudes de la Compagnie en matière de développement, ainsi que le bassin d'emploi, pour choisir un langage ou un outil. Venaient ensuite d'autres critères, comme la popularité de l'outil qui présageait d'une communauté d'usagers active favorisant la disponibilité de forums d'échanges par exemple. Il n'y avait pas de formule magique, ni quelque chose que l'on pouvait nommer « le meilleur outil du marché ».

Denis exposa quelques principes personnels : par nature il n'aimait pas les produits sous licence payante. Pourtant il leur reconnaissait une utilité dans certains cas très spécifiques. Il se méfiait aussi des produits « tout-en-un », qu'il considérait comme des générateurs de captivité. Enfin, plus que tout, il évitait les solutions qu'il appelait « non-portables », c'est à dire celles qui ne fonctionnaient que sur un type de système d'exploitation par exemple ou lorsque le format produit n'était utilisable que dans l'outil de l'éditeur.

« Tu vois, conclut Denis, l'outil qu'ils recommandent utilise un dérivé de Visual Basic. Et à la Compagnie nous faisons à 95% du Java. Rien que pour ça leur sélection n'est pas pertinente.

-Mais alors, si je comprends bien, tu suggères de ne pas tenir compte de leurs recommandations et de mettre au feu l'investissement que nous avons fait en leur confiant ce mandat, résuma le chef de projet.

-C'est leur rapport que tu peux mettre au feu, ironisa Denis. L'investissement, il est parti en fumée lorsque nous leur avons confié ce mandat. Vous auriez gagné du temps et de l'argent en venant nous demander ce que nous avions de disponible. Mais ce n'est pas grave, c'est fait. L'essentiel et de ne pas persister dans l'erreur. »

À RETENIR

· Choisir l'outillage est souvent considéré comme la chose la plus importante. Beaucoup y consacrent trop de temps et d'argent dans l'espoir de trouver le meilleur outil. Trouver un bon outil adapté est cependant suffisant.

· Les vendeurs vous diront toujours que leurs outils font des miracles, qu'ils réduisent le temps d'écriture des tests, qu'ils ne nécessitent pas de formation. Ces promesses n'engagent que ceux qui les croient.

· Les outils open-source sont capables de couvrir presque la totalité de vos cas d'usages. La plupart du temps ces outils open-source sont les leaders de leur marché, loin devant les outils payants.

· Considérer le bassin d'emploi et la réalité de votre organisation sont des éléments essentiels lorsque vous aurez à faire des choix : langage pour les scripts, framework d'exécution...

· Ne pas hésiter à remettre en question vos investissements et à faire les ajustements nécessaires. Vos erreurs vous coûteront probablement plus chères si vous tardez à les reconnaître

5

. . . .

La salle que Louis avait réservée était suffisamment grande pour accueillir les dix personnes qui devaient participer à l'évènement. Elle comportait un grand tableau blanc et tout le matériel nécessaire pour projeter du contenu depuis un ordinateur. Louis avait ré-arrangé les tables en une disposition conviviale. Tout était prêt pour travailler efficacement en équipe.

« Aujourd'hui c'est le grand jour ! déclara Louis avec enthousiasme. Aujourd'hui, on commence pour de vrai. On va écrire nos premiers tests automatisés ! »

Il voulait lancer officiellement le début de l'automatisation des tests. Marquer les esprits en quelque sorte, tant auprès de son équipe, qu'auprès du groupe de livraison. Après tout, cela faisait quelques semaines qu'ils en parlaient. Il fallait maintenant montrer que cela devenait une réalité.

« Je vous rappelle notre objectif commun, continua Louis. Chacun de nous doit écrire au moins un cas de test automatisé avant la fin de la journée. Mona est là pour nous guider dans l'utilisation des outils et l'écriture des tests. Steve a déjà identifié les fonctionnalités pour lesquelles nous allons faire les premiers tests.

- J'ai choisi des fonctionnalités assez simples je pense, commenta Steve. Je ne voulais pas que nous soyons coincés dès le début.

- Et puis, ajouta Mona, c'est souvent plus parlant de faire ses premières armes sur des cas réels. Nous devrions faire de belles avancées aujourd'hui. »

L'équipe semblait motivée mais Louis sentait une inquiétude chez certains de ses collègues : celle de ne pas être à la hauteur. Beaucoup n'avaient pas écrit une ligne de code depuis l'université. Cependant Louis voyait aussi cela comme une occasion d'encourager l'entraide : ceux qui s'en sortiraient le mieux devraient aider leurs collègues.

Intérieurement Louis avait lui aussi quelques appréhensions. En annonçant cette journée à ses collègues en charge de l'initiative et en affichant les objectifs il avait créé une certaine pression. Il ne voulait plus que son équipe demeure une cible facile mais plutôt que le test soit au devant de la parade. Il craignait tout de même qu'un échec donne une mauvaise image de son équipe, de ses choix et du test automatisé en général.

« Voici les règles pour aujourd'hui, annonça Louis. J'ai fait en sorte que nous soyons réunis dans cette salle et peu de personne savent où nous sommes. Je veux que nous soyons tranquilles. Je vous demande de ne pas répondre à vos courriels, de ne travailler que sur ce qui se passe ici. Si quelqu'un vous dérange, par messagerie instantanée ou par téléphone, envoyez-le vers moi. Nous avons ici du thé et du café en quantité ainsi que quelques collations. Enfin, il est essentiel que vous ayez du plaisir tout au long de cette journée !

- Je vais commencer par vous présenter l'agenda d'aujourd'hui, continua Mona. »

Avec Louis, elle avait beaucoup travaillé à la préparation de l'évènement. Ils avaient essayé d'anticiper le plus de problèmes possible. Ils savaient par exemple que, au sein de la Compagnie, les règles de sécurité et les procédures pouvaient rendre l'installation d'un logiciel fastidieux. Ils avaient fait les demandes appropriées pour l'ensemble membres de l'équipe, et cela plusieurs jours avant l'événement. Installation des logiciels, obtention des accès au gestionnaire de code source, au serveur Jenkins, ainsi que tout un tas de petites choses nécessaires à l'activité. Ils avaient eu quelques difficultés d'ailleurs, certains accès étaient habituellement réservés aux développeurs et dans l'esprit de beaucoup les testeurs ne développaient pas de code. Ici encore, Louis s'était rendu compte du chemin qu'il restait à parcourir dans l'organisation.

Mona avait passé quelque temps avec Steve, le référent développement du groupe, pour le familiariser avec le test automatisé en général et le *framework* de la Compagnie en particulier. Elle avait également préparé l'agenda de la journée. Il fallait que cela soit attractif et qu'il y ait du rythme. Plusieurs notions théoriques devaient être abordées et elle avait veillé à presque toujours y associer des cas pratiques.

Enfin la journée démarrait, c'était un premier soulagement pour Louis. Chaque participant écoutait avec attention les explications de Mona. Lui-même pour l'occasion avait tout installé sur son poste de travail et avait l'ambition d'apprendre aussi, de participer. D'une certaine façon il donnait l'exemple et l'équipe n'avait ainsi aucun doute sur la place que prendrait désormais l'automatisation des tests.

Dès les premières séances pratiques certains eurent des problèmes techniques. Ici un accès mal configuré, là une version trop ancienne d'un outil. Tout cela fut réglé rapidement par Steve et Mona qui s'attendaient à ce genre d'incidents. Il régnait une ambiance studieuse, informelle qui plaisait beaucoup à l'équipe.

Peu avant la pause Jung entra dans la salle. En tant que responsable de l'initiative elle dirigeait la cinquantaine de personnes du groupe de livraison logicielle, mais elle était aussi responsable des activités que la Compagnie faisait avec le produit et donc du chiffre d'affaire associé. Très impliquée, elle avait écouté avec intérêt les orientations d'automatisation qui avaient été présentées par l'équipe de Louis.

« Tu ne leur as pas dit où on était, j'espère ? demanda Louis.

– Non, promis, dit Jung en souriant. Personne d'autre que moi ne viendra vous déranger aujourd'hui. »

L'équipe était un peu surprise de voir Jung.

« Je sais que l'on ne se connaît pas bien, reprit-elle en regardant l'équipe, mais avec Louis on discute régulièrement. Je voulais vous dire que, comme vous, je suis enthousiaste et je tenais à venir vous encourager. »

Des sourires et mercis timides émanèrent du groupe.

« Merci beaucoup Jung. Veux-tu passer quelque temps avec nous et participer ?

- Non merci Louis, je ne veux pas vous déranger plus que ça. Je vois qu'il vous reste du café. N'hésitez pas, s'il vous en manque au cours de la journée, c'est pour moi. »

Sur ces mots Jung laissa le petit groupe reprendre ses activités.

Toute l'équipe s'appliquait à bien faire. Cependant, après la pause du midi, les progrès n'étaient pas aussi francs que souhaités. La prise en main des outils n'était pas si évidente pour certains, tandis que d'autres ne connaissaient pas suffisamment le produit pour avancer rapidement. En fin de journée, la moitié des membres de l'équipe avait réussi à écrire au moins un test automatisé. L'une d'entre-eux en avait même écrit six. Mais l'autre moitié avait fait face à diverses difficultés qui avaient pris du temps à être réglées. Louis sentait qu'il ne fallait pas trop insister. Il ne voulait pas les démoraliser et il sentait qu'ils commençaient à être fatigués. Lui-même était un peu déçu, il pensait vraiment que l'objectif serait atteint.

Alors que Louis s'apprêtait à annoncer la fin de la journée Denis fit son apparition.

« J'ai eu du mal à vous trouver, commença-t-il. Vous étiez bien planqués. Heureusement que Mona m'a texté pour me dire où vous étiez. Je suis passé à votre étage, le reste du groupe vous cherche. Apparemment vous leur manquez. Dis donc, t'en fais une tête, lança-t-il à l'adresse de Louis.

- Nous n'avons pas tout réussi, dit Louis.

- Mais vous en avez fait quand même, rassurez-moi. »

Mona commença à détailler ce qui avait été réalisé. Au final douze tests avaient été écrits complètement, mais par la moitié de l'équipe seulement. Les autres avaient rencontré différentes difficultés techniques, quelques-uns étaient très proches d'atteindre l'objectif.

« Moi, j'ai eu un problème de conflit avec le gestionnaire de code source, commença un des membres de l'équipe. J'ai dû faire une mauvaise manipulation au départ et maintenant je n'arrive pas à récupérer le projet de base. J'ai suivi avec ma collègue qui en a écrit deux aujourd'hui. Mais personnellement je n'en ai pas terminé un seul.

- As-tu compris ce qui a été fait, demanda Denis. Te sentirais-tu capable de le refaire, dans les mêmes conditions, sans ces problèmes ?

- Oui, très certainement. C'est juste la raison du conflit que je n'ai pas compris, ni comment le réparer. Mais je pense que nous aurons le temps de voir ça plus tard avec Mona. »

Mona acquiesça, confiante.

« De mon côté, dit Michelle, j'ai finalement réussi à en terminer un, mais ça n'a pas été facile. »

Michelle commença à énumérer les différentes difficultés rencontrées lors de la configuration des accès et des variables d'environnement pour que le projet Maven fonctionne. Elle évoqua les conflits de code apparus dès les premières phases pratiques proposées par Mona, et comment il avait fallu les résoudre. Enfin elle expliqua comment elle avait du explorer les traces d'exécution pour identifier pourquoi son script de test ne fonctionnait pas au début.

En écoutant cette explication Mona et Denis se jetaient quelques regards amusés. Selon eux, étant passés au travers de tout cela, tous les objectifs étaient remplis. Du moins les objectifs qui comptent, pas ceux qu'ils avaient annoncés pour marquer les esprits.

« Donc si je résume, reprit Denis, vous me dites qu'en tant qu'équipe vous avez réussi à écrire deux tests par personne. Certes, on imaginait que chacun en fasse au moins un, mais si l'on considère le groupe vous en avez fait le double. Ensuite, vous avez eu l'occasion de régler toute une série de difficultés qui sont communes mais qu'il est indispensable de savoir gérer. Vous avez fait de grands progrès.

-On se rend compte aussi qu'automatiser des tests ce n'est pas seulement écrire des scripts, réagit Michelle.

-C'est très juste, continua Denis. Vous allez vous rendre compte qu'il faut les organiser, les structurer de la bonne façon. Se partager le travail aussi, s'habituer à travailler sur du code partagé. Tout ça viendra progressivement mais vous avez probablement découvert plus de choses aujourd'hui que Mona et moi-même ne l'espérions. Je crois que c'est un grand succès. »

Mona approuvait par des hochements de tête. Progressivement les visages se détendaient et des sourires satisfaits s'affichaient.

« Demain Steve et moi aiderons ceux d'entre vous qui ont toujours des difficultés techniques, annonça Mona. Cela devrait se régler facilement. Ensuite, ce que je vous propose, c'est que nous reprenions dans quelques jours. Normalement vous verrez que nous écrirons bien plus de scripts en une demi-journée et que tous pourront le faire. Parce que toutes les difficultés que vous avez rencontrées aujourd'hui, une fois qu'elles seront réglées, nous n'en parlerons plus. »

Ces mots étaient encourageants et aucun n'avait de doute sur leur capacité à réussir. La journée s'achevait, quelques membres de l'équipe, dont Michelle, décidèrent de rester plus longtemps, trop impatients de terminer ce qu'ils avaient commencé.

Il n'y avait plus de café, le peu de thé restant était froid et il ne subsistait que quelques miettes en souvenir des collations du matin. Constatant cela, Louis commença à ranger la salle.

À RETENIR

- *Faire des tests automatisés ne se résume pas à écrire des scripts. Il s'agit d'un projet de développement, avec toutes les activités que cela comporte : utilisation de bibliothèques, gestion et collaboration sur le code source, etc.*
- *Les premiers pas peuvent être difficiles, cela est normal. Dans la mesure du possible, faites-vous accompagner par des spécialistes en automatisation des tests ou des habitués du développement... tous auront quelque chose à apporter à votre équipe qui a tant à découvrir.*
- *Le support des équipes de direction est important. L'afficher ouvertement favorise la confiance des équipes qui vont devoir affronter de nombreuses difficultés dans leur transformation vers le test automatisé.*
- *Créer une "journée événement" pour commencer n'est pas indispensable. Cependant elle permet de rassembler en un même lieu et dans un même espace de temps les difficultés que l'on rencontre au début. Tous profitent de la résolution des différents problèmes, ce qui évite leur résurgence.*

6

....

La salle du 13ème étage s'était remplie pour la revue de sprint. En faisant un rapide décompte Louis estimait à soixante le nombre de participants. Aux trois *squads* de l'initiative s'ajoutaient certains utilisateurs finaux du produit, l'équipe de gestion de projet, Mona et enfin Jung qui ne manquait jamais une revue.

Michelle et Steve devaient présenter le travail de l'équipe. Ils n'avaient pas l'habitude des prises de paroles en public et Louis savait que la présence de leur cheffe allait ajouter une pression supplémentaire. Il les avait bien préparés : la veille ils avaient revu les points à présenter et mis en place un plan B si un problème technique survenait. Mais rien n'y faisait, être face à l'auditoire inquiétait ses deux collègues.

Louis s'était arrangé pour que le sujet des tests ne passe pas en dernier. Il ne voulait pas que son équipe manque de temps pour la présentation, ni que certains participants quittent la réunion sans voir leurs avancées. Il fallait marquer la revue par la nouveauté des tests automatisés, le moment approchait.

« Maintenant laissons la parole à Louis qui va nous présenter les progrès sur l'automatisation des tests, introduisit la *scrum master*. Nous en avons beaucoup entendu parler et nous avons tous hâte de voir ça !

- Ce n'est pas moi qui vais faire la démonstration des avancées, dit Louis. Je vais laisser la place à ceux qui ont vraiment réalisé les scripts. Mais avant cela je voulais vous partager quelques données chiffrées. Sur le rapport affiché à l'écran attardons-nous d'abord sur le nombre de *stories* couvertes pendant le sprint. Vous pouvez constater que seulement quarante pour cent des fonctionnalités livrées ont pu être testées. Cela veut dire que nous prenons du retard dans la couverture des fonctionnalités. Nous en sommes bien conscients. Mais sachez que notre objectif est de combler ce retard sprint après sprint. En effet nous pensons économiser du temps sur l'exécution des tests de régression, mais aussi lors des phases de test bout-en-bout. Et en toute logique nous devrions avoir moins de tests à exécuter manuellement…

- Tu ne sembles pas très sûr de toi Louis… intervint Jung.

- Ce ne sont encore que des hypothèses. C'est la première fois que nous faisons quelque chose comme ça. En théorie ça devrait fonctionner et en pratique nous faisons tout pour que ça fonctionne.

- Je comprends. Vous débutez dans cette approche alors vous n'êtes pas encore en mesure d'automatiser tous les tests au cours d'un sprint...

- Oui, c'est bien ça ! J'insiste sur ces chiffres par soucis de transparence. Michelle et Steve auront l'occasion de vous parler de leurs enjeux.

- C'est vrai, commença Michelle. Nous avons pris cinq *stories* parce que nous ne pouvions pas en prendre plus. Et puis nous avons écrit les tests dans un fichier Excel. Ensuite nous avons directement chargé le fichier dans...

- Attends, interrompit Louis avec un sourire, je crois que tout le monde est impatient de voir les scripts. Peut-être pouvez-vous directement faire tourner la suite de tests, et ensuite vous expliquerez comment vous vous y êtes pris pour en arriver là, qu'en penses-tu ? »

Michelle acquiesça et Steve, bien que mal à l'aise dans les exercices de présentation, débuta rapidement l'exécution des scripts de tests. Il manipulait avec brio son environnement de développement devant l'assistance, l'étonnement se lisait sur des visages. Les développeurs n'avaient pas l'habitude de voir des lignes de codes présentées par des testeurs.

Lorsque Steve exécuta le projet de test une volée d'informations apparut sur le grand écran. Des traces d'exécution s'affichaient. Le produit s'ouvrait, puis se refermait. Des actions s'effectuaient. Ici une transaction était envoyée, là un contrôle était réalisé. Tout ceci s'harmonisait comme une danse, un ballet technologique, devant une salle captivée. Simultanément des signes cabalistiques s'inscrivaient dans un coin de l'écran, tels une partition accompagnant la chorégraphie des fenêtres. Finalement la dernière fenêtre à s'ouvrir était un rapport qui affichait « *27 tests cases Passed* ». Steve la maximisa afin qu'elle occupe tout l'écran.

Steve et Michelle voyaient bien que la salle était totalement captivée.

« Alors, annonça Michelle avec confiance, voici les vingt-sept cas de tests que nous avons écrits pendant ce sprint. Ils couvrent cinq *stories*. Et ils sont tous à *Passed*.

- Comment ? reprit Jung étonnée. Vous venez d'exécuter les tests ?

- Oui, répondit simplement Michelle.

- Les vingt-sept ? continua Jung.

- Oui.

- En deux minutes ?

- Bah… oui.

Mona et Louis se regardaient sourires aux lèvres.

-Habituellement, reprit Louis, ces tests nous prendraient environ deux heures quarante à exécuter manuellement. Mais comme vous venez de le voir, grâce à l'automatisation, ils ont été exécutés en deux minutes.

-Mais bon, c'était long à faire, commenta Michelle. Nous avons dû beaucoup travailler sur les scripts. Au début nous avons douté. Et puis nous avons eu plein de problèmes qui nous ont empêchés de progresser...

-Lesquels ? demanda Jung intéressée.

-Dans le sprint, nous devons analyser et comprendre la *user story*. Après il nous faut écrire les tests automatisés et parallèlement parfois des tests manuels qu'il nous faudra aussi exécuter. Parce que tu sais, on ne peut pas tout automatiser. Alors finalement nous n'avons plus beaucoup de temps pour coder les tests.

-Pensez-vous que les développeurs puissent vous aider à écrire les scripts des tests automatisés ? demanda Jung.»

Michelle savait bien que les développeurs n'auraient aucun mal à réaliser les scripts automatisés : il ne s'agissait là que de développements relativement simples après tout. Mais ses collègues et elle commençaient à vraiment apprécier cette activité et l'idée de l'abandonner aux développeurs pour retourner aux tests manuels ne l'enchantait guère. Elle resta silencieuse. Louis vola à son secours en répondant à sa place.

« En fait, ce sont plutôt les analystes d'affaire qui pourraient nous aider. Ils connaissent parfaitement le produit et pourraient même nous décharger d'une partie des tests manuels que nous sommes encore obligés de faire. Cela nous donnerait plus de temps pour progresser. »

En l'entendant certains analystes d'affaire se montrèrent peu enthousiastes.

« Je pense que c'est parfaitement possible, répondit Jung. Ils sont assez nombreux et ont pris de l'avance sur leurs travaux. On va s'organiser pour ça. »

L'auditoire acquiesça en silence et la *scrum master* inscrivit le sujet sur l'agenda de la prochaine rétrospective.

« Quels sont les autres problèmes que vous avez rencontrés ? continua Jung.

- Les IDs sur les objets, répondit Michelle. C'est quelque chose qui pose problème : beaucoup d'objets n'ont pas d'IDs. »

L'assistance restait silencieuse. Personne ne semblait savoir à quoi Michelle faisait allusion.

« Dans une page Web, commença à expliquer Mona, les différents éléments de la page peuvent disposer d'un identifiant unique. Nous utilisons de préférence ces identifiants pour permettre à nos scripts d'interagir avec les pages Web. Quand ils ne sont pas présents nous avons d'autres options, mais elles sont moins robustes et plus compliquées à mettre en œuvre.

- L'idéal, continua Steve, serait que tous les objets aient des identifiants uniques. Cela nous aiderait beaucoup pour l'écriture des scripts de test.

- Ce ne devrait pas être un problème, annonça le responsable du groupe en charge de la couche Web de l'application. Nous ne les mettons pas toujours car nous n'en avons pas nécessairement besoin. Si cela vous aide je crois que nous pouvons faire en sorte que cela soit systématique.

- Alors je l'inscris comme un élément à évoquer dans la future rétrospective, conclut la *scrum master*. Autre chose ?

- Je ne vois rien d'autre pour le moment, répondit Michelle en interrogeant du regard ses collègues dans la salle. »

Steve et Michelle commencèrent à débrancher l'ordinateur utilisé dans la présentation pour laisser la place à l'intervenant suivant. Jung prit la parole :

« Ce que vous nous avez montré aujourd'hui est impressionnant. Vous savez, quand je vous ai rencontrés il y a trois semaines, alors que vous débutiez dans ce projet, je n'imaginais pas que les résultats arriveraient aussi vite. Vraiment bravo ! Puis se tournant vers la salle : cela mérite bien quelques applaudissements n'est-ce pas ?»

Tous se joignirent à Jung et les applaudirent sincèrement.

À RETENIR

· Le test est une composante à part entière d'une initiative d'ingénierie logicielle. Le test a donc sa place dans les revues de sprint. Cela est encore plus vrai lors de l'introduction du test automatisé. La collaboration de tous sera profitable.

· La transparence sur les difficultés rencontrées, comme sur les résultats obtenus, permet à tous de comprendre les enjeux d'une initiative d'automatisation des tests.

· Cette transparence permet aussi de susciter des propositions d'aide et de collaboration.

· Il faut savoir annoncer clairement les retards et en expliquer leur raison. La transformation d'une équipe pour adopter une nouvelle pratique n'est pas simple.

Bloc-note

7

À essayer avec la maman de Robert

- Ajouter avec les Saint-Jacques tous ces ingrédients :
  - crème fraîche
  - échalotes
  - Jus des Saint-Jacques.
- Recouvrir le moule avec la pâte feuilletée. → Attention, bien souder les deux pâtes et faire une cheminée
- 40min au four

Lucy m'a dit de badigeonner la pâte de jaune d'œuf pour donner une belle couleur → à essayer

19 Avril – Vacances !

Important – Je me repose ce weekend !

Programme de la semaine :
J1 – Relecture des notes du hackathon + revue doc Java
J2 – Revue des outils
J3 – Randonnée !! → je ne pourrai pas travailler
J4 – Mise en pratique pour scripting cas de tests
J5 – Push du script dans le projet

À faire : google – « test automation university »
Puis « Web UI Java Path »

22 Avril – 15h30

Ai fait marcher tests du hackathon !
Vu les boucles en JAVA, à partager à l'équipe :
- for:

```
for ( start_value; condition; increment_number )
{
   //Action
}
```
- for each
```
foreach (Type variable: arrayOrCollection)
{
  // Action
}
```

- while
```
while ( condition )
{
   // Action...
}
```

- Nourrir Mousse avant de partir
- Jumelles & Boussole → meuble garage ?
- Barres protéinées
- Trousse premiers soins
- Carte des sentiers
  → Robert ?

72

Questions @ Steve :
1 – Quelle utilisation de break et continue dans les boucles **?**
2 – Explication du labelledLoop

23 Avril
Avancement : 4h de vidéos (15% ~) → Pas facile... Possible de finir ?
« Introduction à la maîtrise de l'IDE » : explications Mona **+ +**
mais ce cours **+ + + +**

Vu :
- POM (Page Object Model)
- Locators

Conseiller ça à l'équipe

Questions @ Mona :
Comment récupérer l'object du tableau sur le profil produit **?**
Quelle est la meilleure méthode pour trouver un Locator
ID, Name, Class ?

24 Avril – **Randonnée !**
✓ Nourrir Mousse
✓ Téléphone
✓ Jumelles
✓ Lunettes de soleil
✓ Trousse premier soin
✓ Barres protéinées
✓ Camel bag
✓ Briquet
✓ Sifflet
✓ Lampe frontal (**+** pile !)
✓ Bâton de marche

Courses pour le weekend:
- 400g de noix de Saint-Jacques
- carottes
- poireau
- céleri blanc
- crème fraiche
- échalote
- beurre
- Pâte feuilletée x 2
- Lait
- éponge
- lessive
- pain

Mardi 10h = RDV Dentiste
07.77.00.02.35

73

25 Avril :

Liste des cours pas pertinents dans notre cas:
- Cucumber
- Robot framework
- Test de perf

> Avec ça en moins je devrais pouvoir finir avant la fin des vacances

J'ai passé du temps sur Git → Insister avec l'équipe sur la résolution de conflit lors d'un commit / push

schéma très utile, <u>à partager avec l'équipe</u> :

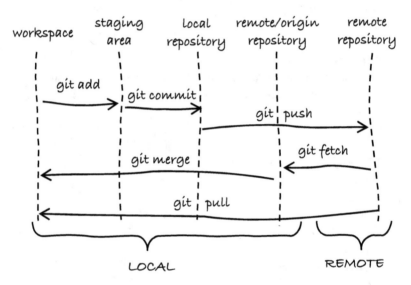

26 Avril :

Vu les différents types de waiters
- wait en secondes (éviter)
- wait sur les évènements (mieux)
API REST
- REST Assured intéressant ?

@ Mona !

RDV vétérinaire vendredi pour Mousse
<u>Demander s'il faut changer de croquettes</u>
Spéciales chats blancs ?
→ Concours de beauté
dans 2 mois !

74

27 Avril – BILAN
Parcours <u>Web UI Java Path</u>
Fait :
- ✓ Fondation
- ✓ IntelliJ
- ✓ Java Programming
- ✓ WebElement locator Strategies
- ✓ TestNG
- ✓ Selenium Webdriver
- ✓ Source Control & Git

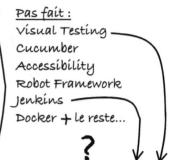

Pas fait :
Visual Testing
Cucumber
Accessibility
Robot Framework
Jenkins
Docker + le reste...

?

Demander @ Mona si intéressant...

Le site Test Automation University est bien. À conseiller à mes collègues + + Ils doivent voir <u>absolument</u> :
- git
- Java programming
- Locators

rappel MARDI : dentiste !

<u>A prendre pour lundi:</u>
- Livre de Steve sur JAVA
- Ordinateur
  + Câble d'alimentation
  + souris
- Badge de sécurité
- Ramener tasse
- Pass métro

<u>28 Avril – Lucy et son fils</u>
Lucy est venue hier et m'a ENFIN raconté pourquoi son fils était parti plus rapidement lors de la soirée de noël dernier.
Je comprends mieux pourquoi il y a eu ce petit malaise !
Une semaine avant le repas, son père lui avait demandé de

8

....

Ce midi-là un *pad thaï* faisait face à un sandwich poulet. Louis et Denis s'étaient retrouvés pour la pause repas. Cela faisait presque cinq semaines maintenant que l'équipe de Louis s'était lancée dans l'automatisation des tests. Les deux collègues avaient pris l'habitude de se voir une fois par semaine, lors du repas du midi, pour échanger sur les progrès et les difficultés qu'ils rencontraient. Aujourd'hui Louis avait de quoi être content : il sentait que les difficultés des débuts étaient désormais derrière eux. Tous maîtrisaient à présent relativement bien l'usage du gestionnaire de code source. Finalement cet aspect aura été le plus difficile pour son équipe. Dans les premiers jours ils avaient accumulé conflits sur conflits, par manque d'expérience sans doute. Mona et Steve avaient fait preuve d'une grande pédagogie, expliquant aux uns et aux autres les raisons pour lesquelles les conflits survenaient lors des tentatives de *commit* et comment les éviter.

Il avait aussi fallu remplacer l'ordinateur d'un des membres de l'équipe : un logiciel installé lors d'un ancien projet générait des conflits avec les librairies utilisées par le *framework* de test. Le service informatique avait passé en vain plusieurs jours à tenter de régler le problème à distance. Steve l'aurait probablement réglé plus rapidement mais la politique de sécurité de la Compagnie restreignait l'octroi des droits d'administrateurs aux techniciens du support situés sur un autre site. Agacé par ces échanges interminables, Louis avait finalement décidé de commander un nouvel ordinateur « vierge » pour mettre fin à ces délais qu'il jugeait ridicule.

Depuis quelques jours l'écriture des tests avait pris un certain rythme. Steve s'était arrangé pour qu'une tâche lance tous les jours à 7h, avant l'arrivée de l'équipe, l'ensemble des tests automatisés déjà produits. Louis était heureux de partager ces avancée avec Denis :

« Tu sais, je crois que nous sommes sur la bonne voie. Nous couvrons lors de chaque *sprint* près de soixante pour cent des *User Stories* prévues. Mais je me pose une question : ne penses-tu pas que je devrais agrandir l'équipe ?

-Pourquoi ça ? demanda Denis entre deux bouchées.

- C'est que, dans les premières semaines notre progression a été fulgurante. Au tout début on couvrait cinq pour cent des *User Stories* par *sprint*. Aujourd'hui, parce que l'équipe a gagné en compétence, on en est à soixante pour cent. Mais j'ai l'impression qu'on n'a pas beaucoup de marge de progression. Alors je me dis que l'équipe est peut-être trop petite finalement...»

Denis avait déjà inspecté les tests de la semaine : Mona, qu'il avait envoyé en support, lui faisait régulièrement un rapport sur les avancées du projet. il avait donc une idée assez précise de ce qui pouvait freiner l'équipe.

« Que se passerait-il si vous lanciez vos tests à chaque *commit* de code plutôt qu'une fois tous les matins ? reprit Denis.

- Ouh, je ne pense pas que l'on puisse faire ça, rétorqua Louis. Tous les matins, quand nous arrivons au bureau, les tests sont en général terminés mais cela nous prend une à deux heures pour analyser les résultats et trouver ce qui a échoué. Ensuite on doit rédiger les rapports d'anomalies pour le développement...

- Deux heures par jour pour la rédaction des rapports d'anomalies ? Vous devez trouver tout un tas de *bugs* alors ! dit Denis en souriant.

- Non, pas tant que ça. Seulement quelques échecs sont liés à des anomalies du produit. Mais nous devons faire le tri entre ceux qui échouent à cause d'un bug et ceux qui échouent à cause d'un problème d'environnement, ou du jeu de données. Ils sont quand même nombreux et ça nous prend du temps.
- Peut-être vous faut-il agir d'abord là-dessus ?
- Ah, mais je ne t'ai pas attendu mon petit pote, répondit avec un grand sourire Louis. J'ai proposé à l'équipe de développement de mettre en place un chantier de stabilité de l'environnement de test.
- Et ça donne des résultats ?
- Ben non, pas encore, personne n'a le temps de s'en occuper…
- C'est embêtant ça… Et si vous régliez d'abord vos problèmes avant d'espérer que d'autres les règles pour vous ?
- Vas-y, dis-moi ce qu'on fait mal, lança Louis en riant.
- Déjà les *nightly builds* c'est dépassé. Ce que vous faites en exécutant vos tests une fois par jour seulement ce sont des *nightly builds*. Ça manque d'efficacité. Votre cible, c'est de lancer les tests à chaque *commit* de code. Vous ne pouvez pas y couper.»

Louis semblait sceptique.

« Avant de dire que ce n'est pas possible regardons plutôt ce qui vous en empêche. Tu trouves que la revue des résultats prend trop de temps ? On va passer au crible ce qui vous ralentit là-dedans.

D'abord votre façon de nommer les cas de test. Ça ne facilite pas la maintenance. »

Steve avait proposé des règles de nommage stricts pour les méthodes de test. Il s'était inspiré de la façon de nommer les packages en Java. Chaque cas de test avait un nom qui ressemblait à `application.module.epic.feature.test` . Les choses étaient ainsi bien rangées.

« Vos cas de test ont des noms trop longs, et surtout, l'information n'est pas dans le bon ordre. La partie la plus signifiante de vos noms de cas de test devrait être au début, un peu comme un nom de machine : host.domaine.com. En le mettant à la fin vous perdez du temps car les noms des tests sont tronqués dans les rapports. Vous devez ouvrir les rapports au complet pour savoir quel test a échoué...
– Admettons, dit Louis. Mais tu penses vraiment que c'est en renommant nos cas de test qu'on va réduire notre temps d'analyse ?

-Non. Changer votre règle de nommage va vous simplifier la vie. De toute façon c'est inutile de renommer les cas de test existants puisque vous allez bientôt les jeter à la poubelle...

-Ah, carrément ! s'exclama Louis. C'est si mauvais ce qu'on a fait jusqu'à présent ? »

Ces conversations avec Denis commençaient à l'amuser et il se prenait au jeu en exagérant parfois ses réactions.

« Non. Vous avez fait ce que vous deviez faire pour débuter : vous avez écrit vos premiers cas de test, comme vous les imaginiez. C'est important parce que vous vous êtes mis en mouvement et que vous êtes passés au travers des premières difficultés techniques. Donc vous avez beaucoup appris. Mais, tu le constates toi-même, vous atteignez une sorte de palier maintenant.

Vous faites face à vos premiers problèmes de maintenabilité de vos tests. Vos tests échouent trop souvent pour de mauvaises raisons. C'est normal car ce sont vos débuts, mais il ne faut pas que vous laissiez perdurer cela trop longtemps. Vous devez rendre vos tests plus prédictifs, plus stables.

-Et rendre l'environnement de test plus stable, demanda plus sérieusement Louis, n'est-ce pas quelque chose qui va dans le bon sens ?

-Si, mais tu le vois bien, cela implique plusieurs personnes, plusieurs groupes qui n'ont pas les mêmes priorités que vous. Enfin... nous pourrions en débattre, finalement vos problèmes sont aussi les leurs mais ça ils ne s'en rendent pas encore compte. Alors forcément ils n'ont pas le temps, comme tu dis, de travailler sur ces sujets. Par contre vous pouvez commencer à rendre vos tests moins sensibles à ces aléas d'environnement. Quelles sont les difficultés que vous rencontrez le plus souvent selon toi ?

- Et bien, souvent les modifications dans les pages Web font échouer nos scripts. Le groupe de développement change des IDs et nos scripts échouent à cause de ça. Il faut qu'on identifie la source des échecs, puis qu'on corrige nos scripts et enfin qu'on relance les tests concernés...

- Commencez par réduire le nombre de tests ayant besoin des pages Web. Les pages Web que vous utilisez appellent les APIs de l'application. Vous devriez, lorsque vous testez des fonctionnalités, utiliser directement ces APIs plutôt que de passer par la couche de visualisation. Tous les tests que vous ferez ainsi seront insensibles à des modifications dans les pages...

- Mais comment être certain qu'au travers des pages Web ça marchera si on vérifie la fonctionnalité au travers des APIs ?

- Le test n'est pas là pour apporter des certitudes mais pour réduire des risques. Lorsqu'une fonctionnalité est défaillante, la plupart du temps cela vient de l'API associée et non d'un problème de page Web. En testant ta fonctionnalité au travers de l'API plutôt que via la page Web tu conserves un maximum de chances de détecter un défaut s'il existe. Tu perds un peu en couverture, mais tu récupères en simplicité de réalisation et surtout de maintenance. Tu rends tes tests plus robustes aux aléas.

- Donc tester via les APIs quand c'est possible plutôt qu'au travers des pages Web… On a besoin d'un autre outil pour ça ?

- Non, notre *framework* te permet de faire ce genre de tests. Plutôt que d'utiliser la bibliothèque Selenium vous utiliserez la bibliothèque RESTAssured que nous avons intégrée au *framework*. Cela vous permettra de faire des tests directement sur les APIs.

- Effectivement, réfléchit Louis à haute voix, j'imagine déjà les tests que nous pourrions transformer sur ce modèle. Ça en fait une bonne partie…

- …et vous allez les mettre à l'abri des changements dans les pages Web, continua Denis sur la lancée de Louis. Tout comme les boutons, les noms des champs de formulaires ou les liens… Ce sont des premières actions qui vont vous permettre de rendre vos tests plus robustes et diminuer la quantité de travail pour la maintenance et l'analyse des résultats.

- Je pense aussi à certains tests que nous faisons sur des traitements asynchrones. Aujourd'hui nous créons les données via des scripts qui manipulent les pages Web, donc avec Selenium. Mais ensuite nous devons attendre que le *batch* se termine et nous faisons la vérification du résultat directement dans la base de données. Nous pourrions là-aussi utiliser l'API pour générer les données à traiter plutôt que les pages Web.

- Exactement ! Tu comprends pourquoi je te disais que vous n'alliez probablement pas garder les premiers tests que vous avez écrits, et que les renommer n'était pas urgent...

- Mais on perd ce qu'on a fait, l'investissement...

- Non. Vous avez fait quelque chose de bien plus important : vous avez appris. Vous avez expérimenté. Vous vous êtes améliorés dans la maîtrise du langage et de la technologie. Vous êtes arrivés à un point où vous en apprenez plus sur la méthode. Ça vaut largement l'investissement. Il est certain que si vous restiez dans ce mode de fonctionnement, ou si vous découvriez cela bien plus tard, le prix n'en serait pas le même. Mais après quelques semaines seulement de travail c'est une belle avancée. »

Les deux collègues avaient fini leur repas. Il restait un peu de temps avant que l'un comme l'autre n'aient à retourner à leurs activités. Denis continua donc de donner des pistes à Louis :

« Voici une autre chose que vous pourriez faire pour réduire le temps d'analyse : avoir des messages d'erreur explicites. Le nom du cas de test ne suffit pas toujours pour comprendre ce qui ne fonctionne pas. Prenons un de vos tests. »

Denis ouvrit son ordinateur. Louis remarqua que son collègue savait exactement où aller pour consulter les tests de son équipe. Sous ses yeux Denis accéda sans hésitation aux résultats et journaux d'exécution du matin.

« Prenons celui-ci par exemple qui a échoué ce matin. Mettons de côté le fait qu'il pourrait utiliser les APIs plutôt que les pages Web. On voit le test *'FAILED'* et on voit le message d'erreur *'could not find web element <locator>'*. Un message d'erreur comme celui-ci oblige le testeur à refaire le test manuellement pour comprendre ce qui ne fonctionne pas. C'est long et vous vous exposez au risque qu'à la deuxième tentative cela fonctionne, auquel cas vous ne seriez pas plus avancé. Vous pourriez chercher à inclure plus d'informations dans les résultats d'exécutions. Par exemple : sur quelle page le script était, quelle action le script voulait réaliser, quel était le contenu HTML de la page, ou bien prendre une copie d'écran de la page. On en a déjà parlé avec Mona, elle va vous montrer comment faire et comment lier ces éléments aux résultats de test. Ça devrait accélérer l'analyse des résultats.

- Oui j'imagine. Mais admettons que les *backends* soient défaillants, ça ne va pas générer énormément de traces d'exécutions et de copies d'écrans ?

- C'est aussi pour ça que vous pourriez commencer à catégoriser vos tests. Une stratégie souvent employée par les équipes, quand le nombre de tests augmente, est d'avoir deux ou trois catégories. Une première catégorie *smoke test*, dans laquelle vous mettez uniquement des tests qui vont vous donner une idée de l'état de la plateforme. Si tu as des APIs dans cinq *backends* différents par exemple tu vas prendre deux, trois tests qui ensemble vont "toucher" ces cinq *backends*. Si ces tests ne passent pas cela veut dire que l'un des *backends* est défaillant, parce qu'il est arrêté ou autre. Dans un tel cas ton *job* de test ne doit pas aller plus loin et ne dois pas lancer les autres catégories. Ça t'évite de générer du bruit et surtout ça te permet de signaler très rapidement que l'environnement a un problème.

- Et dans le deuxième groupe je mets les vrais tests, ceux qui testent le produit. C'est ça ?

- Dans le deuxième tu mets effectivement les tests normaux, enfin ceux que vous allez ré-écrire. Mais attention, tu mets ceux qui sont stables. Ceux pour lesquels vous êtes certains que lorsqu'ils échouent le produit a un défaut. Ceux que vous avez rendus robustes. Et le troisième groupe c'est pour les tests peu stables ou *flaky*. Au début mettez-les tous là.

- Et on les déplace dans le groupe stable au fur et à mesure. Comme ça on peut se concentrer sur les tests *flaky* qui échouent…

- Non. Concentrez-vous chaque matin sur les stables qui échouent. Vous devez les regarder en priorité et créer les rapports d'anomalies. Ce sont eux qui vous informeront d'un défaut très probable, c'est cette information qu'il faut remonter en premier. C'est essentiel ! Et puis il faut que le groupe *flaky* soit le plus petit possible. »

Sur ces mots Louis quitta son collègue. Il était tout d'un coup moins satisfait de l'évolution de leur travail mais avait plusieurs pistes pour améliorer la pratique de sa jeune équipe.

Aujourd'hui

Hey, j'ai une idée...

Vas-y, dis-moi

Toutes les 2 semaines, 2h de brainstorm avec mon équipe, pour améliorer ce qu'on fait.

Bonne idée, mais prévois la journée complète.

Et ne faites pas qu'y penser : consacrez la journée à l'amélioration de vos scripts et pratiques.

Automation Friday !

📷 Message   Envoyer

À RETENIR

· *Ne cherchez pas à avoir une pratique parfaite dès le premier jour. Accordez-vous le temps d'apprendre et de constater progressivement ce qui est le plus adapté à votre contexte.*

· *Soyez prêt à réviser vos façons de faire, quitte à abandonner certaines choses.*

· *Lorsque cela est possible, utilisez les APIs plutôt que les interfaces graphiques pour tester les fonctionnalités.*

· *La maintenance est une activité importante qui va dégénérer si vos tests sont trop instables. Traquez tout ce qui rend la maintenance difficile : tests mal conçus, journaux d'exécutions trop pauvres, noms de tests peu explicites, données ou environnements instables. Agissez sans tarder sur les points qui ne nécessitent pas d'impliquer d'autres équipes.*

· *Catégorisez vos tests en trois groupes : smoke tests (le plus petit possible), stable et enfin unstable ou flaky. Attention, la stabilité concerne le test et non la fonctionnalité testée. Cette différenciation vous permet de commencer votre analyse par les erreurs qui ont le plus de chance d'être liées à un défaut du produit.*

· *Travaillez à réduire le nombre de flaky tests !*

9

Debout devant le tableau utilisé pour la rétrospective, Louis posa son thé trop chaud sur le bureau.

« Bon… plusieurs points intéressants semblent ressortir de notre exercice. »

L'équipe de test présente au complet dans la salle acquiesça. Louis leur avait proposé de faire une rétrospective selon le modèle *Keep, Improve, Start, Stop*. Après deux mois d'activité il était bon que tous prennent un peu de recul sur leur fonctionnement.

« Alors si on regarde le tableau et que l'on résume, continua Louis, pour le *Keep* il y a unanimité. Vous souhaitez tous que Steve continue la R&D et conserve son rôle de support technique auprès de chacun de vous. Ça, je pense que ça te fait plaisir Steve !

- Oui, dit Steve quelque peu gêné. Je suis content. Je vois que j'aide à l'accélération du *scripting*. Je sais que je ne participe pas aux sessions d'analyses avec vous mais ça me permet de me concentrer sur les futurs problèmes.

- Bon tant mieux ! Donc tu te sens à l'aise dans ce rôle, lança avec entrain Louis.

- En fait, reprit Steve timidement, la seule chose qui est difficile parfois pour moi c'est de justifier mon temps… »

En tant qu'accompagnateur au sein de l'équipe Steve subissait les conséquences de l'organisation pilotée par les feuilles de temps : il lui était difficile de justifier son activité auprès des gestionnaires de projet. Ces derniers partaient du principe que le temps devait être imputé à des tâches liées au produit. Les *scrums masters* n'avaient pas pour habitude de créer des tâches d'accompagnement des équipes.

Il se sentait vraiment utile au sein de cette équipe : il apportait son expertise sur des outils de développement, enseignait un peu de Java et prenait en charge les éléments techniques plus complexes. Mais comme il ne produisait pas de tests automatisés, et que seuls ceux-ci étaient référencés dans le *backlog* du produit, il semblait au chef de projet que Steve ne travaillait « sur rien ».

« Nous veillerons à ce que tes activités soient visibles dans le *backlog*, lui dit Louis. D'abord parce que cela nous permettra de mieux gérer ton temps et tes priorités, mais aussi parce que cela aidera nos amis de la gestion à comprendre ton rôle et ton utilité dans ce groupe. J'irai leur parler. »

Louis se retourna vers le tableau en considérant le second groupe de *post-it*.

« Le *Improve* maintenant ! Vous avez décidé de changer notre façon de valider les résultats après chaque *build*.

- Alors oui, s'empressa de réagir Michelle, parce que moi j'en ai marre ! Ça prend un temps incroyable. Je sais que je suis assignée à ça, mais je ne pensais pas que ce serait aussi long ! La dernière fois le nouveau *build* avait modifié une table dans la base de données. Il m'a fallu trois heures pour tout vérifier !

- Donc, interrogea Louis, vous proposez qu'on se partage la validation, c'est bien ça ? »

Il se rappela que l'équipe avait essayé cette approche lorsqu'ils avaient débuté cette activité d'analyse des résultats. Malheureusement cela n'avait pas eu un grand succès. En prenant chacun leur tour cette tâche ils avaient finalement eu beaucoup de mal à comprendre les scripts de leurs collègues. Au lieu de la rendre moins pénible, ou bien encore de l'accélérer, cela avait eu pour effet de les ralentir et d'en décourager plusieurs. À l'époque pourtant ils n'avaient écrit qu'une petite centaine de cas de test. Aujourd'hui ils en avaient plus du double.

« Sachant que vous avez eu des problèmes au début dans cet exercice d'analyse, reprit Mona, qu'est-ce que vous pourriez faire pour y arriver cette fois ?

- On pourrait se les présenter, essaya un membre de l'équipe Si nous nous les expliquons, nous aurons moins de mal à analyser les résultats à tour de rôle...

- Oui c'est une bonne idée, encouragea Louis. Que pensez-vous de l'idée de faire la validation à tour de rôle ? Qui est pour ? »

Toutes les mains se levèrent.

« Et pour l'idée de se présenter les scripts une fois par semaine ? »

Encore une fois la proposition fit l'unanimité.

Michelle consignait scrupuleusement les décisions prises afin d'envoyer le courriel de compte-rendu.

Louis pointa un *post-it* dans la catégorie *Start* et s'adressa à l'équipe :

« AN-TI-CI-PA-TION ! C'est ce que vous avez écrit. Je rappelle, on parle ici d'anticiper les modifications dans les *builds* que nous recevons. »

Louis n'avait pas pensé à ce problème avant que l'équipe ne l'évoque. Il se remémora qu'au début de sa carrière, lorsqu'il ne faisait que des tests manuels, il recevait souvent des livraisons d'applications sans avoir été informé des modifications apportées. Développeurs et analystes s'étaient entendus sur les changements mais ils n'avaient pas pris le temps de prévenir les équipes de test. Louis découvrait les modifications en exécutant ses tests et devait s'adapter en conséquence. Cela ne lui prenait que quelques minutes de plus. Aujourd'hui, avec l'automatisation des tests, c'était différent. Les tests automatisés ne s'adaptaient pas tout seuls aux changements et échouaient, générant des heures d'analyse et de maintenance pour l'équipe.

« Maintenant que vous me l'avez dit je comprends l'effet que cela a sur votre travail, commenta Louis. Alors, est-ce que quelqu'un à une idée sur ce qu'on pourrait faire pour éviter ce genre de surprise ? »

Un petit silence s'installa, visiblement l'équipe sentait qu'il y avait quelque chose à faire pour ne plus subir les changements, mais quoi ?

« Par exemple, ne pourrait-on pas se rapprocher des développeurs pour qu'ils nous aident ?
- Je pense que c'est possible, s'avança Steve. Les développeurs savent ce qui va être modifié. Si on leur demande de nous faire une présentation des

changements, à mi-sprint par exemple, nous pourrions anticiper la maintenance à faire.

- Excellente idée ! Qui est avec Steve ? demanda Louis en levant la main.

Tous en firent autant. L'entrain de Louis était communicatif et l'équipe suivait le rythme des décisions avec bonne humeur.

En abordant le dernier groupe de *post-it* Louis annonça :

« Finalement, le fameux *Stop*... Vous avez proposé d'arrêter les tests manuels... »

L'affaire était délicate. Louis était en accord avec cette idée tout en restant prudent. Il fallait certes que l'équipe se consacre à plein temps à l'automatisation des tests si elle voulait progresser, mais des tests manuels devaient malgré tout être faits.

« Les analystes d'affaires nous aident déjà pour les tests manuels. Peut-être pourraient-ils tous les faire , suggéra l'un des membres de l'équipe »

Les analystes d'affaires s'étaient en effet rapprochés d'eux et participaient maintenant à l'exécution des tests manuels. Au début l'exercice n'avait pas été facile : certains pensaient que cela serait répétitif. Mais au fil du temps la plupart s'amusaient à découvrir et rapporter les défauts. De plus, cela leur permettait de mieux comprendre le produit qu'ils concevaient : des idées leur venaient pour améliorer l'ergonomie ou simplifier les flux de travail. Louis promis à l'équipe d'user de persuasion pour faire accepter cette proposition. Bien que certains soient sceptiques Louis restait confiant : Jung leur avait déjà apporté son soutien et il n'y avait pas de raison pour que cela s'arrête.

« Avant de terminer cette rétrospective, reprit Louis, je voudrais vous proposer une idée. Chaque semaine ayons une journée consacrée à l'amélioration de nos pratiques. Il y a des scripts à optimiser, on peut se perfectionner en programmation... cette journée ne serait consacrée qu'à ça.

- Mais, rétorqua Michelle, il n'y a aucune journée où nous sommes tous libres ! »

Les semaines étaient effectivement bien remplies : le lundi et le mardi, sessions de travail avec les analystes d'affaire. Le mercredi un tiers de l'équipe ne travaillait pas. Le jeudi , c'était planification. Et un vendredi sur trois les cérémonies agiles occupaient une bonne partie de la journée.

« Deux vendredis sur trois nous sommes tous disponibles il me semble, dit Louis. Maintenons ces journées libres de toutes réunions. De mon côté je vais m'arranger pour que les autres groupes ne vous dérangent pas ces jours là. Nous ne travaillerons que sur l'amélioration de nos pratiques. »

Rendez-vous était pris pour le vendredi suivant. La rétrospective était terminée. Chacun retourna à son poste de travail.

Se retrouvant seul devant son tableau, Louis commença à décoller un par un les *post-it*. Sur la table, son thé était maintenant froid.

À RETENIR

- *Matérialisez les actions d'accompagnement et de formation comme les éléments du backlog.*
- *Attention à la segmentation des responsabilités au sein de votre équipe. Cela peut créer des goulots d'étranglement et aussi générer de la lassitude pour certains.*
- *L'équipe de tests gagnera toujours à collaborer en amont avec l'équipe de développement. Cela est encore plus vrai dans un contexte d'automatisation des tests.*
- *Aménagez du temps pour l'amélioration individuelle et collective. Formations, conférences, ateliers d'équipe sont des outils de communication formidables pour progresser.*

Prix de
l'Automatisation des Tests

Ce prix reconnaît l'engagement et l'attitude exemplaire de

Michelle

dans les activités d'automatisation des tests
au sein de La Compagnie.

« *Michelle a démontré un intérêt soutenu pour l'automatisation des tests.*
Curieuse et volontaire, elle a saisi les opportunités d'auto-formation afin
d'augmenter ses connaissances techniques.
Il s'agit là d'un comportement exemplaire qui fait d'elle
une actrice essentielle de la réussite de notre initiative. »

10

« Encore merci pour Michelle, dit Louis. C'est une belle preuve de reconnaissance pour ses efforts. Je ne savais pas que tu donnais ce genre de prix, tu en donnes souvent ?

- Non, c'est seulement la seconde fois en trois ans. »

Confortablement installés dans des fauteuils Chesterfield Louis et Denis profitaient d'une table ensoleillée en terrasse. Ils s'étaient retrouvés après le travail dans un bar du centre-ville.

Plus tôt dans l'après-midi Denis, accompagné de quelques membres de son équipe, était venu remettre un prix à Michelle. Celui de l'Automatisation des Tests. Cette distinction reconnaissait son engagement. Elle avait décidé, d'elle même, de prendre sur son temps libre pour se former et se perfectionner dans les technologies qui lui sont utiles aujourd'hui.

« Tu vas encore mettre les photos que vous avez prises sur le réseau de la Compagnie pas vrai ? demanda Louis. »

Il connaissait déjà la réponse et craignait que son équipe ressente une pression supplémentaire. Il avait le sentiment que les attentes augmentaient quand Denis les prenait pour exemple. Cependant il comprenait que Denis se serve de cette expérience pour montrer la marche à suivre aux autres groupes de la Compagnie. De toute façon il savait que s'il protestait Denis prendrait un malin plaisir à en rajouter. En guise de réponse Denis se contenta d'un léger sourire.

La serveuse déposa un *Old Fashioned* et un *Maï Taï* sur la table. Dans son sillage résonnaient des effluves de jazz venues de la salle délaissée par les clients. Le calme de la terrasse se révélait relaxant, propice aux discussions amicales.

« Et tu te les procures comment ces prix ? demanda Louis.

- Nous les avons faits nous-mêmes faute d'en avoir, mais tu sais c'est le message qui est important. Et puis, comme tu l'as vu, Michelle était contente et ton équipe était fière d'elle. C'est important de souligner ce genre de succès. On l'oublie trop souvent. »

La serveuse revint avec du jambon ibérique accompagné d'une tapenade d'olives noires. La discussion allait bon train : projets de la Compagnie, voyages en famille, musique et sorties à faire. Les verres s'étaient vidés, Denis fit signe pour la seconde commande. Le temps avançait, Louis aborda un sujet d'ordre plus professionnel :

« Sais-tu quand Mona veut prendre ses vacances cet été ? Parce que je me suis dit qu'elle pourrait accompagner l'arrivée du stagiaire dans trois semaines...

- Il vaudrait mieux que tu ne comptes pas trop sur elle, l'interrompit Denis. Je pensais la retirer de votre groupe d'ici deux semaines.

- Qu'est ce que c'est encore que cette histoire ? Dans deux semaines ?

- Oui, dans deux semaines.

- Mais attends... Deux semaines c'est court pour que je la remplace, je ne trouverai jamais quelqu'un si rapidement, s'exclama Louis.

- Tu devrais plutôt prendre ça comme une bonne nouvelle, s'amusa Denis en se servant un morceau de jambon. Ça signifie seulement que vous n'avez plus besoin d'elle. Tu ne t'es pas rendu compte qu'elle était beaucoup moins présente ces derniers temps ?

- Si, un peu. Mais je me disais qu'elle travaillait pour nous à distance.

105

-Elle travaille toujours pour vous, confirma Denis. Mais on s'est mis d'accord avec Mona pour qu'elle se retire progressivement. Depuis trois semaines elle laisse tes testeurs prendre le relais de la gestion du *framework*. Ils se débrouillent très bien d'ailleurs. Elle surveille leur progression. Lors du dernier rapport qu'elle m'a fait on en a conclu que vous étiez prêts à voler de vos propres ailes. Tu sais, on ne laisse rien au hasard. »

En effet, depuis quelques semaines, Mona veillait à ne plus utiliser son poste de travail pour résoudre les problèmes dans les scripts. Elle le faisait devant ses collègues sur leur propre poste. Dans un second temps elle avait fait en sorte de ne presque plus toucher à un clavier. Elle donnait oralement les instructions aux testeurs. Puis, afin de bien mettre en évidence l'indépendance acquise par ses collègues, elle s'astreignit à ne plus s'asseoir auprès d'eux. En restant debout l'échange était naturellement plus rapide et le sentiment d'autonomie grandissait. Enfin, Mona essaya d'être de moins en moins visible en s'installant ailleurs dans l'*open-space*.

Louis resta silencieux quelques instants. Il avait bien constaté que la vélocité des testeurs était restée à son niveau normal. Personne dans l'équipe ne lui avait fait part d'inquiétudes.

« Il fallait bien que ça arrive, conclut Louis, mais je ne m'attendais pas à ce que cela se produise aussi rapidement. Et j'imagine que tu as besoin de Mona pour seconder d'autres groupes. Est-ce que tu pourrais m'aider à identifier un candidat ? Parce que trouver quelqu'un comme Mona, ça ne va pas être facile…

- Je pense que tu n'as pas saisi ce que je viens de te dire. »

La serveuse les interrompit quelques instants pour déposer un *Cuba Libre* et un *White Russian*. Denis reprit :

« Vous n'avez plus besoin d'une coach comme Mona. Vous avez acquis les bons réflexes, vous maitrisez le *framework* et tu sais, d'autres défis vous attendent.

- Tu penses qu'on n'a plus besoin d'aide ?

- Je n'ai pas dit ça, s'amusa Denis. Vous aviez besoin d'une coach car vous aviez tout à apprendre. Mona a pu vous apporter cela : comment faire les tests atomiques, l'utilisation de l'environnement de développement, la découverte du gestionnaire de code source, la collaboration sur du code partagé… toutes ces choses sont des passages obligés lorsque l'on part de zéro. Les défis qui vous attendent relèvent de l'optimisation de votre pratique et d'une meilleure intégration dans le cycle du développement logiciel. Il s'agit d'un travail au long court qui suppose plus le rôle d'un leader que celui d'un coach. Vous allez devoir ajuster votre stratégie, établir de nouveaux standards sur les scripts, mesurer l'efficacité de l'équipe et accroître votre collaboration avec le groupe de développement...

- Et un leader, c'est plus facile à trouver qu'un profil comme Mona ?

- Pas vraiment. Mais j'ai mon réseau, on va voir si quelqu'un est disponible.»

Sur ces mots, comme il se faisait tard, Louis interpela une dernière fois la serveuse et demanda la note. Il insista pour inviter Denis.

À RETENIR

- *Il est important, de valoriser les employés qui démontrent un engagement personnel. Ne négligez jamais ce point.*
- *Il faut accepter de grandir : arrivera le moment où votre coach devra progressivement se retirer. Cela encouragera le sentiment d'autonomie de l'équipe. Cependant, prenez garde à conserver votre coach accessible en cas de besoin.*
- *Tandis que vous commencerez à devenir autonomes sachez que d'autres défis vous attendent.*
- *Old Fashioned[1] : Bourbon, sucre, Angostura, Eau. Remplacer le Bourbon par du Rye, le Bourbon étant pour les rustres.*
- *Mai Taï[2] : rhum ambré, rhum blanc, curaçao orange, sirop d'orgeat, citron vert, sucre de canne. Toujours meilleur avec du rhum cubain.*
- *Cuba Libre[3] : rhum cubain, cola, citron vert.*
- *White Russian[4] : Vodka, liqueur de café, crème fraîche.*

---

[1] https://iba-world.com/iba-official-cocktails/old-fashioned/

[2] https://iba-world.com/cocktails/mai-tai/

[3] https://iba-world.com/cocktails/cuba-libre/

[4] https://iba-world.com/cocktails/black-russian/

11

À chaque fin de sprint l'équipe de l'initiative se retrouvait pendant deux heures pour la revue. La salle était grande mais finissait toujours par paraître exiguë. Le chef de projet, les développeurs et analystes, l'équipe de test bien sûr, mais aussi les sponsors, le *product owner étaient présents*, ainsi que plusieurs personnes gravitant autour de cette initiative. Une fois de plus malheureusement, cette rencontre empiétait sur l'heure du repas.

Louis avait prévu de faire un état des lieux de l'automatisation des tests, tel qu'il le présentait régulièrement avec son équipe. De belles avancées avaient été réalisées ces dernier temps, l'équipe avait atteint une certaine maturité.

Tandis que Michelle prenait la parole, Denis observait du fond de la salle. Il aimait s'immiscer de temps en temps dans les revues d'initiatives que son groupe accompagnait. Il ne prévenait pas toujours, s'arrangeait pour connaître les horaires et les lieux et essayait d'être présent lorsque son agenda le lui permettait.

La démonstration de Louis et de son équipe toucha à sa fin. Vint le temps des questions de l'assistance. Denis leva la main. Il n'était pas venu tout à fait par hasard. Louis découvrant la présence de son collègue, lui donna la parole :

« Ce n'est pas vraiment une question, plus une remarque.»

Louis ne savait pas à quoi s'attendre.

« Vous savez, lorsque vous exécutez vos tests sur les interfaces utilisateurs avec Selenium, vous utilisez notre *hub*. Ce hub Selenium, à-peu-près toutes les équipes de test dans l'organisation l'utilisent. Comme nous en sommes les administrateurs nous pouvons vous communiquer quelques chiffres que Louis ne connaît pas.

Sur les trente derniers jours, cinquante pour cent des tests exécutés sur le *hub* proviennent de vos scripts. Il y a près de vingt projets actifs, certains existant depuis deux ans. Vous représentez à vous seuls plus de la moitié de l'activité. Toutes les initiatives de l'organisation réunies font moins d'exécutions de tests que vous.

Je pense que cela méritait d'être signalé et je crois que l'on peut vraiment féliciter Louis et son équipe.»

Des applaudissement retentirent, des sourires s'affichèrent, notamment celui de Jung qui était satisfaite de voir cette équipe progresser. Alors que Louis allait reprendre la parole pour remercier Denis, celui-ci ne lui en laissa pas le temps :

« C'est bien beau de faire des tests automatisés, continua-t-il en regardant Louis avec un grand sourire, mais je voudrais vous proposer un petit exercice rapide. Vous savez, beaucoup pensent que les tests automatisés font économiser de l'argent. Moi, je vais vous démontrer le contraire avec un petit calcul. J'ai pris ce matin le nombre d'exécutions de tests réalisé par votre équipe. Un testeur manuel, lorsqu'il fait des tests sur une application, effectue entre deux et dix tests à l'heure. Cela dépend du contexte bien sûr. Prenons une estimation généreuse à dix tests. Grossièrement, pour atteindre le nombre d'exécutions de tests que vous avez, cela prendrait cinquante testeurs à plein temps. Soit l'équivalent de cette salle remplie de testeurs. Voici ce que votre petit groupe accomplit pour l'initiative. »

Dans la salle l'auditoire était conquis. Jung intervint :

« Alors pourquoi dis-tu que nous ne faisons pas d'économie en faisant du test automatisé ? Moi, je constate que nous économisons le coût de plus de quarante testeurs !

- Jung, personne n'accepterait d'avoir une équipe de cinquante testeurs pour une initiative comme celle-ci ! Dans un projet où les tests seraient faits de façon manuelle vous auriez probablement une équipe de test de la même taille. Au final cette équipe ferait probablement beaucoup moins de tests. Donc vous n'avez pas économisé d'argent, vous avez augmenté votre couverture et surtout augmenté la rapidité à laquelle le *feedback* est transmis au groupe de développement...

- C'est vrai, acquiesça le *product owner*. Dans mes précédentes initiatives les développeurs n'avaient les résultats des tests que plusieurs semaines après leurs *commits*. Maintenant vous nous les envoyez le lendemain ou le surlendemain au plus tard.

- Soyons d'accord, continua Denis, cette couverture et cette vélocité valent bien plus encore que le coût de nombreux testeurs. La valeur que vous apporte ce groupe aujourd'hui, dit-il en désignant l'équipe de Louis, c'est de mettre notre produit sur le marché plus rapidement et d'offrir plus vite à la Compagnie la capacité de faire des affaires avec la solution que vous concevez. C'est pour cela, plus que pour le nombre de tests, que l'équipe de Louis mérite nos félicitations. »

La salle convaincue répondit par de nouveaux applaudissements. La partie consacrée au test était terminée. La revue reprit son cours abordant les sujets inscrits au programme.

Louis rejoignit Denis au fond de la salle avec difficulté.

« Merci, c'est cool ce que tu viens de dire, chuchota-t-il à Denis. Et puis je suis content que tu aies partagé ces chiffres.

- Il faut qu'on en parle, répondit Denis avec un grand sourire, parce que vous faites n'importe quoi, ça ne va pas du tout... »

Louis ne comprenait pas. Il finissait par ne plus savoir si son collègue plaisantait ou non. Denis de son côté avait bien perçu son impatience et s'amusait à feindre de s'intéresser à la suite de la revue pour ne pas à avoir à s'exprimer immédiatement. Lorsqu'il y avait un changement de présentateur ou un brouhaha de quelques secondes, Denis s'empressait de croquer un morceau de son sandwich. Par quelques coups de coude amicaux Louis fit remarquer à Denis qu'il n'était pas dupe.

La revue terminée, les deux collègues trouvèrent un endroit calme pour finir leur repas.

« Alors, qu'est-ce qui ne va pas encore ? demanda Louis.

- Vous exécutez tellement de tests que les ressources de notre hub Selenium sont saturées. De nombreux tests sont en échecs parce qu'il n'y a pas suffisamment de place pour tout le monde... Ce ne sont pas les vôtres qui échouent, ce sont ceux des autres initiatives. Quand vous lancez vos tests vous utilisez toutes nos ressources et vous remplissez la file d'attente. Elle est juste assez grande pour le nombre de tests que vous avez. Les tests des autres initiatives ne trouvent pas de place dans la file d'attente.
- Alors je comprends, on teste trop bien, répondit Louis rassuré.
- En fait vous testez trop ! Et probablement que vous le ressentez un peu : vous devez passer beaucoup de temps à regarder les résultats. Je pense que cela vient de votre changement dans la politique d'exécution. Tu te souviens lorsque je t'ai dit que les *nightly build* n'étaient pas la meilleure approche au monde ?
- Oui, d'ailleurs nous avons rapidement changé ça, comme tu nous l'as suggéré. »

Denis avait effectivement vu les changements suite à ses recommandations. Du jour au lendemain leur nombre de tests exécutés avait triplé. Peut-être s'était-il mal fait comprendre : l'équipe de Louis avait activé un mécanisme qui exécutait l'ensemble de la suite de tests à chaque fois qu'un des testeurs la modifiait. Cela avait donc généré énormément d'exécutions.

« Mais, demanda Louis, n'est-ce pas ce que nous voulions faire ?

- Oui et non. On vous encourage à faire du *Continuous Testing*. C'est un peu différent. L'idée est de déclencher les tests lorsqu'il y a un changement dans le code de l'application que vous testez. Et non pas lorsque vous changez vos scripts de tests...

- Mais, n'est-ce pas équivalent de déclencher l'exécution à chaque fois que nous changeons des choses dans les scripts ?

- Non, pour le groupe de testeurs cela permet de vérifier que les scripts fonctionnent toujours. Les situations où vos changements affectent les autres tests sont assez rares. Les *Page Objects* sont concernés ainsi que les bibliothèques utilitaires. La plupart du temps vous ajoutez ou modifiez des tests, lesquels sont indépendants les uns des autres. Nous y avons veillé très tôt.

Le *Continuous Testing* vise à réduire au maximum le délai de feedback suite à un changement dans le produit. Il est là pour servir le développement, pas le test. Il s'agit donc de rejouer les tests à chaque changement du code source de l'application. Aujourd'hui vous utilisez dans votre initiative le modèle *Git Flow*[1], tant dans le développement de l'application que dans votre gestion des tests automatisés. Vous avez mis en place un déclenchement de vos tests à chaque fois que des changements sont apportés à vos scripts. En faisant cela vous avez une information sur votre suite de tests et non sur le produit que vous testez. Vous savez si, après votre changement, vos tests se comportent de la même façon. Est-ce vraiment une information pertinente pour vous ? Je t'invite à y réfléchir avec ton équipe.

- J'en parlerai à notre prochaine rencontre, dit Louis.

- Parlez-en en effet, il se peut que vous y trouviez un intérêt. Sache que la véritable information qui intéresse les développeurs ce n'est pas celle-ci. Vos développeurs ont besoin de savoir si leurs changements dans le code ont une incidence sur le produit, qu'elle soit positive lorsqu'ils corrigent un défaut, ou négative lorsqu'ils introduisent une régression. Le moment approprié pour leur fournir cette information c'est le plus tôt possible, après qu'ils aient introduit leur changement. Il faut donc que votre orchestrateur observe ce qui se passe dans le référentiel du code de l'application et non dans le référentiel des scripts de tests. C'est lorsqu'ils font une modification dans le code de

---

[1] https://nvie.com/posts/a-successful-git-branching-model/

l'application que le *feedback* est le plus pertinent pour eux.

- Est-ce qu'on n'aurait donc pas intérêt à leur donner un accès direct aux résultats des tests ? Ça irait aussi dans le sens du *feedback* rapide...

- Tu mets le doigt ici sur quelque chose de très important. Ça serait excellent. Mais c'est là que se cache la difficulté du *Continuous Testing*. Ce qui est difficile c'est de donner une information fiable. Revoyons rapidement les approches que vous avez adoptées jusqu'à maintenant : tu vas comprendre qu'elles servent exactement ce but.

Tout d'abord faire des tests simples et faciles à comprendre. Cela passe par des tests atomiques, par les règles de nommage de vos tests et aussi par la gestion des erreurs. Tout ceci est essentiel si tu veux faire du *Continuous Testing*. Comme tu le devines, il faut que le développeur soit capable de comprendre ce qui ne fonctionne pas lorsque son changement fera échouer un de vos tests. S'il doit attendre que vous analysiez pour lui ça ne fonctionnera pas.

Ensuite regrouper les exécutions de tests. Il est probable que les tests que vous voulez exécuter à chaque changements sont ceux que vous avez mis dans les groupes *smoke tests* et *stables*. Tu ne veux pas que le développeur perde confiance dans les tests qui sont déclenchés à chaque changement parce qu'ils seraient instables, n'est ce pas? Pour ça il ne faudra leur présenter que les résultats des groupes *smoke tests* et *stables*.

- Mais alors, on n'exécute plus les tests *flaky* ? S'il n'y a plus que les *smoke tests* et les *stables* qui sont utilisés...

- Souviens-toi, nous étions d'accord pour dire que les tests que vous classez dans *flaky* devaient être les moins nombreux possible. Ça tombe bien, parce que tous les résultats de ce groupe, vous ne les présenterez pas directement aux développeurs. Vous devrez systématiquement les revoir avant. Une certification en quelque sorte...

- Je vois l'idée, répondit Louis. C'est du travail supplémentaire, c'est certain qu'on voudra garder ce groupe le plus petit possible !

- Exact ! Mais rien ne vous empêche de permettre à n'importe quel développeur d'exécuter l'ensemble des tests, à la demande, sur n'importe quelle branche. Cela leur permettrait d'évaluer la *feature branch* sur laquelle ils travaillent. Mais idéalement cela suppose de permettre la création d'un environnement de test à la demande, qui contient le code d'une branche spécifique...

- Ça me semble compliqué ça, réagit Louis, un peu dépassé.

- Pas tant, répondit Denis. Nous en reparlerons. Vous devriez être en mesure d'intégrer ça dans quelques temps. Mais il est probablement encore un peu trop tôt. Vous devriez d'abord vous intéresser aux exécutions déclenchées par les changements de la branche *develop*. C'est un excellent premier pas. Et puis ce serait pas mal que tu discutes avec le groupe de développement sur le *branching model* que vous utilisez. Entre nous, *Git Flow* n'est pas le plus facile à intégrer dans une logique de *Continuous Delivery*. Et le *Continuous Testing* est une composante du *Continuous Delivery*... tu devrais leur proposer le *Trunk Based Development*[1], c'est plus adéquat et ça va les forcer à être plus rigoureux et beaucoup plus réactifs.

- Tu veux que moi j'aille parler de *Branching Model* aux développeurs ? Je n'y connais rien !

- T'inquiète, on ira ensemble, répondit Denis avec un sourire.

- Décidément, à chaque fois que je te vois tu me fais faire n'importe quoi...

- Disons plutôt que si je ne suis pas là tu risques de faire n'importe quoi, répondit Denis en riant. »

---

[1] https://trunkbaseddevelopment.com/

À RETENIR

· *Le* Continuous Testing *consiste à exécuter les tests automatisés depuis le pipeline de livraison. Ce pipeline se déclenche à chaque modification de code de l'application.*

· *L'objectif premier du* Continuous Testing *est de fournir un* feedback *immédiat sur le code qui vient d'être produit. La rapidité d'obtention des résultats des tests est essentielle.*

· *La fiabilité des résultats est une composante maîtresse du* Continuous Testing. *Si l'information n'est pas fiable - à cause des* flaky *tests par exemple - alors la confiance envers les tests automatisés va progressivement disparaître.*

· *Les résultats des* flaky tests *doivent être revus avant d'être mis à disposition des développeurs.*

· *Écrire des tests automatisés ressemble à développer un produit. Les pratiques associées sont donc similaires, en particulier la manière de gérer le code source. Il est important d'adopter un* branching model *adapté à vos besoins, et autant que possible, aligné avec celui pratiqué par le groupe de développement.*

12

Denis avait fait marcher son réseau pour trouver le remplaçant de Mona. Les rares personnes présentes au sein de la Compagnie correspondant aux besoins de l'équipe de Louis étaient déjà bien occupées. Il n'était pas question de mettre en difficulté un groupe au bénéfice d'un autre.

Le premier candidat leur avait été recommandé par une vague connaissance de Mona. Lors de l'entrevue Denis, qui accompagnait Louis dans son processus de recrutement, avait rapidement détecté son manque de pratique. Il avait certes un discours impeccable sur le *Continuous Testing* et les tests automatisés, pourtant Denis sentait que quelque chose n'allait pas. Au fil de la conversation Denis lança une affirmation tellement aberrante que Louis releva la tête avec un regard interrogateur. Le candidat, lui, ne semblait pas être choqué.

« Il s'agit d'un de ces "imposteurs", expliqua Denis lors du débriefing avec Louis. Je t'en avais déjà parlé à vos débuts. Des personnes qui prétendent avoir mis en œuvre ces pratiques mais qui n'ont fait que lire des livres, sans vivre l'aventure qui est la vôtre aujourd'hui. Tu viens d'en voir un exemple. Ce n'est pas lui qu'il te faut. »

Les bons candidats étaient rares. Longtemps les activités de tests avaient été considérées comme de peu de valeur, les moyens qui y avaient été consacrés étaient faibles. On y orientait des gens motivés mais avec peu de connaissances techniques et d'autres s'étaient un peu retrouvés là par défaut. Dans certaines entreprises Denis avait même vu des testeurs performants encouragés à changer de voie. Il n'y avait guère que dans les entreprises innovantes que l'on trouvait des personnes dont la passion et la compétence en ce domaine étaient reconnues.

Max venait justement de l'une d'entre elles.

« J'ai commencé dans une firme de consultation juste après mon diplôme. À mes débuts j'ai été développeur, testeur et aussi administrateur système. J'ai changé rapidement d'entreprise parce que je me suis rendu compte que le métier du test était celui où je m'épanouissais le plus.

- Pour quelle raison, demanda Louis ?

- Parce que dans ce métier on nous demande de "casser les choses" et qu'on est payé pour ça, répondit Max en riant. »

Louis appréciait sa décontraction. Il dénotait des candidats qu'ils avaient rencontrés dans l'après-midi. Cette dernière entrevue de la journée se déroulait en visioconférence. Le chat de Max passait sans cesse devant la caméra.

« Excusez Fantômette, reprit Max, elle veut toujours être au coeur de l'attention. Plus sérieusement, j'éprouve une véritable satisfaction intellectuelle à traquer d'éventuels problèmes dans un logiciel. C'est bien plus stimulant que de les résoudre par du code.

- Et puis, en faisant des tests automatisés, il y a quand même des défis de code à relever, compléta Denis.

- C'est très juste, reprit Max. Puis-je vous demander quelles sont les approches que vous avez adoptées jusqu'à maintenant ? »

Max posait beaucoup de questions. Louis sentait de l'intérêt chez lui. Il exposa l'histoire de son groupe avec enthousiasme : la constitution de l'équipe, les premiers pas, la situation actuelle. Lorsqu'il fut question des outils utilisés Max ne s'attarda pas, acquiesçant simplement. Là encore Louis remarqua une différence avec les autres candidats : l'un d'entre eux, par exemple, avait longuement questionné les raisons de leurs choix et mis en avant un outil utilisant un autre langage qu'il trouvait plus performant.

« Quelles sont vos difficultés actuelles ? »,
demanda Max. Il cherchait à comprendre, prenait
beaucoup de notes. Denis expliqua les objectifs à
atteindre et les éléments qu'il fallait adresser dès
maintenant. L'équipe avait beaucoup progressé
mais le suivi de sa maturité n'était pas en
place. Louis, lui, sentait qu'ils gagnaient en
efficacité mais il n'était pas certain de savoir la
mesurer. Les deux collègues exposaient donc à
Max ce qu'ils pensaient être les défis à venir. Louis
s'aventura :

« Aussi, je pense que cela pourrait être bien que
nous exécutions certains tests automatisés en
production. »

Denis, surpris par cette idée que Louis n'avait
jamais exposée, attendit la réponse de Max. Celui-
ci demanda :

« Pourquoi voulez-vous tester en production ?

- Eh bien, parce que parfois on rencontre des
problèmes au moment du déploiement. Et en
testant on les détecte et on les résout avant
l'ouverture du service.

- Quel genre de problèmes ? Avez-vous des
exemples ? »

Louis expliqua de mémoire les deux problèmes
rencontrés lors des derniers déploiements. L'un
concernait la reconstruction d'une base de
données : les scripts n'avaient pas appliqué les

bons droits d'accès au compte de service utilisé par l'application. Les tests les avaient détectés car la liste des transactions n'était plus visible. Le second problème concernait un système *backend* qui n'avait pas redémarré comme il aurait dû. Encore une fois des tests manuels en production avaient permis de le découvrir.

« C'est pour cela, conclut Louis, que j'imaginais créer une suite de tests en production. Pour nous permettre de déployer plus rapidement.

- Je ne crois pas que ce soit une bonne idée, commença Max. »

Louis le regarda, intéressé. Denis restait silencieux.

« Voyez-vous, deux causes peuvent amener le produit à ne pas fonctionner lors du déploiement. La première vient souvent de l'incapacité de l'équipe de livraison à créer les conditions propices au test. Dans ces cas-là les équipes sont tentées de tester en production parce que "c'est plus facile". Pourtant, plutôt que de faire ça, il est évident qu'il vaut mieux travailler à améliorer le processus de test en amont. C'est à dire la représentativité de l'environnement de test, la pertinence des données de test et leur accessibilité.

La seconde raison, selon moi, poursuivit Max, concerne des problèmes environnementaux. Tous les problèmes que vous avez évoqués en font partie. Je ne pense pas que ce soit aux tests automatisés de les détecter mais plutôt aux éléments de monitoring construits dans l'application.»

Louis voulait en savoir plus, alors Max continua. Il s'agissait de construire, comme partie intégrante de l'application, une procédure de vérification de santé, un *health-check*. Cette procédure vérifiait la connectivité de tous les éléments nécessaires au bon fonctionnement de l'application et pouvait être appelée par un outil de monitoring. Les bases de données, les WebServices, les connexions aux serveurs de fichiers, tout devait être vérifié simplement par l'appel de cette procédure.

« Il y a plusieurs avantages à faire ainsi, concluait Max. D'abord en faisant partie intégrante de l'application et de ses fonctionnalités il y a moins de risques que la maintenance soit oubliée. Ensuite cela bénéficiera également à votre environnement de test. Enfin et surtout cela n'implique pas un élément externe à l'application, comme vos tests.»

L'entrevue se termina sur ces mots. Après avoir remercié Max, Louis et Denis firent le bilan de la journée.

« C'est Max qu'il me faut, dit Louis. Il me semble évident qu'il est le meilleur.

- Il voit au-delà du test, c'est une bonne chose. Je n'aurais rien dit de différent pour sa réponse concernant les tests en production. Et puis il a une autre qualité indispensable…

- Laquelle ?

- Il sait te dire quand tu as de mauvaises idées ! Ça nous sera bien utile, plaisanta Denis. »

À RETENIR

· *Le marché du recrutement est parfois compliqué. Soyez attentif aux personnes que vous voulez recruter.*

· *Les personnes ayant des parcours diversifiés ont souvent la qualité d'adopter plusieurs points de vue et de ne pas se limiter à leur rôle actuel.*

· *Avant de vous lancer dans les tests automatisés en production cherchez à bien identifier les raisons qui vous poussent à le faire. Souvent vous pourrez être en mesure de couvrir les risques différemment. La qualité logicielle n'est pas uniquement du test.*

13

« Nous devons trouver le moyen de stabiliser les environnements », sembla conclure Max. Denis avait entendu cette phrase alors qu'il s'approchait du petit groupe constitué de Louis, Steve, Max et du responsable du développement de l'initiative. Tous étaient debout autour d'une table haute et cherchaient à résoudre les problèmes de stabilité des tests.

« Alors, les environnements de test vous font des misères ? dit Denis en s'approchant d'eux. Voilà bien quelque chose d'inhabituel, continua-t-il sur le ton de l'ironie.

- Ah, tu tombes bien, s'exclama Louis. Tu vas peut-être pouvoir nous aider.

- Nous avons mené un travail de stabilisation de nos tests automatisés, expliqua Steve, avec l'objectif de faire du *Continuous Testing*.

- Certains tests ont pu être améliorés et sont bien plus stables maintenant, continua Max. Mais il reste une large part de nos tests instables. En faisant une analyse détaillée on s'est rendu compte que la plupart des échecs et des instabilités proviennent des données de tests et des applications dans notre environnement de test.

-Est-ce l'application que vous testez qui est instable ? demanda Denis.

-Non, répondit Steve, plutôt les services qui sont derrière, ceux avec lesquelles nous communiquons. Mais ils ne sont pas de notre responsabilité. Regarde…»

Steve présenta à Denis le détail de leurs investigations ainsi que le schéma de l'architecture de leur produit. Il communiquait avec plusieurs sous-systèmes déjà présents dans la Compagnie ou en phase de construction. Trois semblaient problématiques.

Le premier renfermait des données qui changeaient sans cesse. En effet l'équipe en charge du développement de ce produit devait faire régulièrement des essais de chargement de données. Cela provoquait généralement une dé-synchronisation avec les données utilisées par l'équipe de Louis et donc entraînait l'échec des tests.

Le deuxième sous-système souffrait d'instabilité dans les environnements de test. Régulièrement les serveurs n'étaient pas joignables et l'équipe en charge de cette application avait peu de temps à consacrer à leur maintenance. Ils testaient eux-mêmes sur d'autres serveurs, plus stables et ne maintenaient les autres environnements que par obligation. Le troisième sous-système n'était pas géré par la Compagnie. Il s'agissait d'un système tierce partie pour lequel un seul environnement de test existait. Il était stable, certes, mais la plage de disponibilité ne correspondait pas aux besoins de l'équipe : le système était arrêté en dehors des heures normales de bureau.

« Le problème c'est qu'ils ont quatre fuseaux horaires de décalage par rapport à nous, expliqua Louis. Alors, horaires de bureau oui, mais ça ne correspond pas aux nôtres. Et il est hors de question de renégocier cet aspect contractuel avec eux, nous n'avons aucun levier pour changer ça aujourd'hui.

- Plus de quatre-vingt pour cent des échecs des tests automatisés proviennent de ces trois sous-systèmes, ajouta Steve. Une part importante des erreurs de tests serait éliminée si nous pouvions rendre les applications plus stables et disponibles.

- En somme, résuma Denis, vous voudriez demander à un groupe de cesser ses activités de chargement de données, que le second consacre du temps à réparer et stabiliser un environnement de test qui ne les intéresse pas et qu'un partenaire, avec lequel nous avons des relations établies par contrat, nous rende des services sans contre-partie financière... Ça semble définitivement compromis.

- On peut envisager de créer systématiquement les données de test avant d'exécuter nos scripts, proposa Steve. Ça permettrait probablement de passer au travers des rechargements intempestifs...

- Oui, mais les deux autres sous-systèmes continueront à être instables, ou indisponibles à certaines heures. Ça ne changera pas le problème, rétorqua le responsable du développement. »

Les quatre collègues semblaient bien ennuyés. Chacun regardait en silence les chiffres et les schémas posés sur la table.

« Pourquoi tu me regardes en souriant, demanda Louis à Denis. Tu as une solution ?

- Tu devrais savoir ce que vous devez faire. On l'a évoqué récemment, dit Denis en riant. »

Louis chercha dans sa mémoire. Rien !

« Vous devriez envisager l'isolation et remplacer les sous-systèmes que votre application appelle par des bouchons, des *mocks*. Il s'agit de petits composants logiciels qui vont simuler la réponse que ferait le sous-système. Votre application fonctionnera comme si le sous-système était là. »

Denis poursuivit son explication en prenant pour exemple le schéma de l'architecture présenté sur la table. Il traça au crayon ce qu'il appela « les frontières ». Tout ce qui était au-delà de ces frontières était hors du contrôle de l'équipe, il fallait donc le remplacer par des *mocks*. Chacun de ces *mocks* devait remplacer un service et répondre conformément à ce que le véritable sous-système ferait.

« Ne risque-t-on pas de développer à nouveau le sous-système externe, demanda Louis ?

- En fait, expliqua Denis, sauf cas particuliers, enregistrer la réponse faite par le système en *json* ou en *xml* suffira. Il faudra ensuite charger cette réponse dans le serveur de *mocks*, pour que celui-ci simule la réponse à chaque appel. Quelques éléments devront toutefois répondre à une logique qu'il est facile d'intégrer, telle qu'une date qu'il faut ajuster à chaque appel ou un identifiant de réponse qu'il faut générer à chaque fois. Rien de bien sorcier ! Et puis, en ce qui concerne la sécurité, vous pouvez configurer votre serveur de *mocks* pour qu'il accepte tous les jetons d'authentification sans rien vérifier.

- Et comment on fait pour enregistrer les réponses de toutes les données qui vont exister, demanda le responsable du développement. On fait un script qui va faire tous les appels et on va conserver les réponses ? Ça va être trop volumineux…

- Je crois qu'on peut se limiter aux données que nous utilisons déjà, répondit Steve. Aujourd'hui on utilise environ cinquante données différentes, guère plus. Puisque ça suffit à couvrir les différents cas, j'imagine qu'on peut se limiter à ça ? »

Denis était d'accord. Il expliqua comment s'y prendre : commencer d'abord par mettre en place l'enregistreur, une sorte de proxy qui se place entre le produit testé et les sous-systèmes. En utilisant l'application, l'enregistreur capturerait l'appel puis la réponse du service. En jouant l'ensemble de la suite de tests automatisés les différents appels seraient enregistrés. Devrait s'ensuivre un travail de nettoyage, en particulier pour rendre variables quelques éléments tels que les horodatages ou les identifiants uniques de réponse.

« C'est vrai, ça représente un peu de travail, mais ça ne semble pas insurmontable, dit Steve.

- Mais comment décider à quels moments remplacer les sous-systèmes par ces *mocks*, demanda le responsable du développement. Parce que nous aussi, nous devons garantir la disponibilité de notre application dans l'environnement de test. Si nous plaçons ces *mocks* notre application va se retrouver isolée et d'autres équipes vont se plaindre…

- Vous le déployez comment votre produit aujourd'hui ? Vous avez des scripts pour ça ?

- Oui, bien entendu, on a mis ça en place très tôt pour éviter les erreurs de manipulation.

- Alors, j'imagine que vous seriez capables de recréer des serveurs dans le cloud par exemple et de déployer le produit sur des serveurs vierges ?

- C'est déjà ce que nous faisons lorsque nous livrons en production : nous recréons des serveurs vierges dans lesquels nous déployons la nouvelle version. Il s'agirait de faire ça pour un environnement de test, uniquement pour les tests automatisés si je comprends le fond de ta pensée ? »

Denis était satisfait de voir le responsable du développement adhérer et comprendre le rôle qu'il avait à jouer. En effet, il était trop souvent confronté à des groupes qui considéraient le test comme une activité à part. La collaboration entre les développeurs et les testeurs s'en ressentait. De fait, introduire le *Continuous Testing* impliquait la présence de plusieurs spécialistes dont la collaboration pouvait s'avérer difficile. L'exercice pouvait se transformer alors en séances de négociations entre personnes n'ayant jamais le temps pour rien. La situation paraissait plus favorable ici. Denis continua.

« Vous pourriez même aller un peu plus loin. »

Il reprit le schéma d'architecture sur la table.

« Vous voyez, on a tracé les frontières de ce qui est sous votre contrôle. Tout ce qui est au-delà, on le remplace par des *mocks*. Mais si l'on regarde votre application, elle contient aussi des frontières internes. Regardez par exemple la couche de présentation qui permet l'affichage dans un navigateur Web. Celle-ci repose sur des APIs internes. Vous pourriez tout à fait envisager de les remplacer par des *mocks*. Cela permettrait au groupe qui s'occupe de l'interface Web de tester l'apparence de l'application bien avant que vous n'ayez fini de développer les services en dessous.

– C'est facile pour moi, annonça le responsable du développement. Ces morceaux-là sont clairement des composants indépendants. Ils s'exécutent dans des conteneurs. Il nous sera facile de les déployer à la demande et de les connecter aux serveurs de *mocks* dont tu nous parles…

– …et de rendre ce mécanisme disponible pour les développeurs, poursuivit Max, ou le *product owner*, pour qu'ils puissent rapidement tester et faire leurs remarques sur l'apparence du produit…

– Facile !

– Ah, je me souviens, s'exclama Louis ! C'est de ça dont nous avions parlé l'autre jour !

– Ben dis-donc, tu en as mis du temps, dit Denis en riant. »

Denis termina la discussion en expliquant les quelques changements qui allaient survenir dans les tests automatisés de l'équipe de Louis. Ceux-ci avaient déjà les caractéristiques adéquates : ils étaient indépendants les uns des autres, suffisamment petits et ciblaient toujours un élément précis. C'était dans la phase de vérification que les changements allaient intervenir. Par exemple, plutôt que de vérifier si une transaction avait bien été acceptée par le système externe il fallait désormais vérifier que le message envoyé par l'application était conforme. Cela était facile, en effet le serveur de *mocks* permettait de consulter via des APIs le détails des appels. La clé de la vérification c'était le contrat d'interface qui existait entre les deux systèmes. En vérifiant que le message envoyé était conforme au contrat d'interface le test apportait une garantie suffisante sur la conformité du produit. Bien sûr il faudrait probablement conserver des tests « bout-en-bout » pour vérifier que les systèmes communiquent correctement, mais la grande majorité des tests pourrait désormais se contenter d'environnements dynamiques et isolés.

« La bonne nouvelle, conclut Denis, c'est que vous allez même être capables de tester des cas très compliqués à produire. Il y a en effet des cas qui existent dans la réalité mais pour lesquels vous n'avez pas les données dans les environnements de test. Il vous suffira alors de modifier l'un des enregistrements de *mocks* pour simuler cette situation.

- Pour une fois que tu passais par hasard, plaisanta Louis, tu as trouvé tout de même le moyen d'être utile…

- Disons que ce n'était pas tout à fait par hasard…

- Arrête, comment tu pouvais savoir que nous avions besoin d'aide...

- Une intuition, répondit Denis d'un ton taquin. Une intuition. »

À RETENIR

- L'isolation des tests consiste à remplacer les systèmes externes par des stubs ou mocks. Ces éléments constituent des tests doubles[1] indispensables à des tests automatisés de qualité.
- L'utilisation d'une infrastructure de type cloud public[2] permet de déployer rapidement un environnement isolé de test dès que le pipeline d'intégration continue se déclenche. Cela est aussi vrai dans le cas d'une infrastructure locale dans laquelle vous pouvez contrôler le déploiement.
- Dans une logique de reproductibilité systématique, détruisez intégralement l'environnement dès la fin de l'exécution des tests. Cela permettra aussi de réduire les coûts d'infrastructure. Attention cependant à conserver les journaux d'exécution de l'application à des fins de déboggage.
- Autant que possible utilisez exactement les mêmes outils et plateformes de déploiement pour le test et pour la production. Faites tout, absolument tout, « as code ».

---

[1] https://martinfowler.com/bliki/TestDouble.html

[2] AWS, Google Cloud, Microsoft Azure…

14

....

Une lumière apaisante illuminait l'étage. Il y régnait l'agitation habituelle d'une fin de journée. En traversant l'espace collaboratif Louis s'amusa de ce qu'il y voyait. La première fois qu'il avait approché l'équipe de Denis il s'y était senti étranger. Mais lui, qui ne se considérait pas très compétent techniquement, savait à présent différencier sur les écrans des employés ici un outil de tests de performances, là un script de test automatisé, ailleurs encore un extrait de journal d'exécution. Il en avait fait des progrès !

En traversant la salle Louis saluait les visages connus qui alors levaient les yeux de leurs écrans.

Entendant les pas se diriger vers lui Denis se retourna et s'exclama : « Il me semblait bien reconnaître ta voix ! Qu'est-ce qui t'amène ?

-Salut Denis, je viens t'embêter un peu. J'ai besoin de ton avis.

-Dis-moi tout.

-Je crois que je ne fais pas le suivi des bonnes choses. Depuis que nous faisons du test automatisé j'ai l'impression de ne pas avoir d'indicateurs précis de l'efficacité de ce que nous faisons, ni de savoir si nous progressons dans notre pratique. Je le sens, mais je n'arrive pas à le quantifier. Les indicateurs que j'utilisais dans mes expériences précédentes ne me semblent pas adaptés aujourd'hui.

– Lesquels ?

– Par exemple je mesurais le nombre de cas de test existants, l'avancement de la campagne de test, ainsi que le pourcentage de tests en succès. Je mesurais aussi le nombre d'exécutions. Tout ça n'a plus tellement de sens. Nous exécutons tous les tests plusieurs fois par jour, alors le nombre d'exécutions devient astronomique et ça n'apporte pas vraiment d'information. »

Louis avais concentré ses efforts pour permettre à son équipe de se consacrer à l'automatisation des tests. Il avait mis en place les vendredis dédiés à l'amélioration des pratiques, instauré la transparence sur l'avancement du groupe, convaincu de redistribuer certaines responsabilités au sein de l'équipe et même obtenu un développeur en soutien de son groupe de testeurs. De vraies belles avancées, mais Denis se rendait compte qu'il n'avait pas pris le temps d'expliquer à Louis comment suivre et mesurer l'amélioration de leur pratique.

« Quelle information veux-tu obtenir, demanda Denis ?

- Je crois que j'ai besoin de connaître le nombre de tests que nous avons, et aussi le taux de succès des tests, et aussi...

- Il s'agit là d'indices, d'indicateurs, le coupa Denis, mais ce n'est pas l'information fondamentale que tu veux connaître.

- Je ne te suis pas...

- Et bien, tu veux couvrir trois thèmes. Résumons. D'abord tu veux connaître l'état de santé du produit que vous testez et communiquer cette information aux développeurs. Ensuite tu veux savoir si vos tests sont bien écrits. Et enfin tu veux savoir si vous progressez dans votre pratique d'automatisation.

- Oui, c'est exactement ça. Continue.

- Bon, on va établir ensemble les indicateurs qui te permettront de suivre ces thèmes. Tout d'abord le premier indicateur important, c'est le taux de conformité du produit que vous testez. Ça c'est quelque chose que tu connais déjà et qui va te dire quel pourcentage des *User Stories* ont leurs critères d'acceptation validés. À chaque fois que vous exécutez la suite de vos tests, vous êtes en mesure de donner un instantané sur le produit.

- Celui-la, il est facile. On faisait déjà ça avec le test manuel...

-Ce que tu peux aussi ajouter comme deuxième indicateur, c'est l'identification des éléments fragiles. Au fil de vos exécutions de test vous allez être en mesure de déterminer quels modules, quelles fonctionnalités sont les plus sujets aux régressions. Et en plus ce sera très utile aux développeurs puisqu'ils pourront d'une part être plus vigilants lorsqu'ils devront toucher à ces composants et d'autre part concentrer leurs efforts de *refactoring* là où c'est le plus nécessaire…

-…pour réduire la dette technologique, compléta Louis. Est-ce qu'il y a autre chose qu'il faudrait donner aux développeurs ?

-Oui, un dernier indicateur important. Ils devraient être capables de le mesurer eux-même, mais vous pourriez faire le suivi au cours des itérations, de leur propension à livrer des bugs…

-Ils ne sont pas là pour livrer des bugs, ironisa Louis, mais plutôt des fonctionnalités…

-Tu as raison et pourtant ils en livrent ! Si vous étiez en mesure de leur donner le nombre de bugs créés par millier de lignes de code ils auraient là une information importante. Et s'ils suivent cet indicateur ils verront les effets des améliorations apportées à leurs pratiques. »

Louis comprenait bien ces trois indicateurs : un instantané avec la mesure de conformité, une tendance avec l'identification des éléments risqués et une mesure sur la maturité de la pratique de développement pour permettre l'amélioration continue. Louis prenait note de ces trois points sur son ordinateur.

Denis continua :
« Le deuxième thème que tu veux aborder concerne votre pratique : est-ce que vous faites bien les choses ? Pour répondre à cette question il faut d'abord définir ce que vous voulez faire.
- Eh bien, des tests automatisés !
- Non, plus précisément vous voulez faire du *Continuous Testing*. Vous pourriez mesurer ses caractéristiques mais elles sont nombreuses et vous vous y perdriez. Alors je te propose de mettre en place quatre indicateurs notables. »
Denis chercha dans son ordinateur une étude sur le *Continuous Testing* produite par un acteur du marché. Il lui expliqua les bases de l'étude :
« Vois-tu, cette étude propose de mesurer les résultats et non ce que nous produisons. Nous savons que vous devez avoir des tests indépendants entre eux. Mais c'est difficile à évaluer. Cependant il est possible de mesurer les conséquences associées à cette bonne pratique. Voilà ce que nous propose cette étude »

Denis exposa les quatre indicateurs. Le premier : puisqu'il est impossible d'avoir un fort taux de succès avec les tests instables, suivre ce taux permet donc de constater la qualité des tests. Sur ce point Denis suggéra de poser un objectif supérieur à quatre-vingt-dix pour cent.

« Sur les trente derniers jours nous sommes à soixante-seize pour cent, commenta Louis. Nous pouvons probablement améliorer ça. »

Le deuxième indicateur ciblait la durée moyenne d'exécution d'un test.

« Cela vise particulièrement les tests faits dans des navigateurs ou des appareils mobiles. L'étude démontre qu'un test nécessite d'être exécuté en moins de deux minutes pour avoir deux fois plus de chance d'être en succès. Alors vous devriez viser une moyenne de cent vingts secondes, ou moins.

- Sais-tu quelle est notre moyenne aujourd'hui, demanda Louis ?

- Oui : vous êtes à deux minutes et douze secondes. C'est bien, vos tests semblent généralement atomiques, sinon votre moyenne serait plus élevée. Vous avez tout de même plusieurs tests trop longs. Suivez cette métrique et veillez à l'améliorer. Cette étude porte sur les tests faits dans les navigateurs Web mais le principe reste valable pour les tests sur les APIs. Pour ceux-ci prenez un objectif de vingt secondes incluant les délais de réponse de l'application. Nous savons que les environnements de test ne sont pas toujours performants mais cela devrait être suffisant. Maintenant : le troisième indicateur. Il concerne exclusivement la variété des navigateurs Web ou d'appareils mobiles utilisés pour faire les tests.

- Alors là je t'arrête tout de suite. Notre produit est prévu pour fonctionner sur un seul navigateur. Ça ne sert à rien que nous le testions sur d'autres plateformes.

- Détrompe toi, d'abord parce que faire fonctionner ses tests sur plusieurs navigateurs oblige à mieux les concevoir et les rendront probablement plus robustes. Ensuite nous savons tous les deux que les navigateurs Web ne sont pas éternels. Qui nous dit que demain celui qui est votre cible ne va pas disparaître ? »

Louis acquiesça. D'ailleurs la blague du moment portait sur une application interne conçue pour ne fonctionner qu'avec Internet Explorer. Lors de la mise en place du logiciel de gestion du personnel, la directive était que seul ce navigateur Web serait supporté. Quelques années plus tard la Compagnie avait dû payer à grand frais la refonte de ce logiciel devenu inaccessible aux nouveaux postes de travail Apple et aux plus récents postes Windows 10. Cette dette technologique, une dette de portabilité, faisait rire jaune les développeurs depuis quelques temps déjà.

« Le dernier indicateur porte sur le parallélisme d'exécution, continua Denis. Être capable d'exécuter les tests en parallèle signifie qu'ils sont indépendants les uns des autres. Cela implique que vous devrez gérer suffisamment bien vos données pour être capables d'exécuter plusieurs tests en même temps.

- Tu penses qu'il faut qu'on soit capable d'exécuter combien de tests simultanément ?

- Pour les tests utilisant Selenium, au moins autant que nous avons de ressources dans notre Selenium Grid. Si vous êtes capables d'en faire un plein usage, alors ce sera parfait. Pour ce qui est des tests sur les APIs, c'est plus difficile d'avancer un chiffre précis. Le facteur limitant est flou. S'agira-t-il de la capacité de traitement de l'agent de l'ordonnanceur Jenkins ou la capacité de charge de l'application que vous testerez, difficile à dire. Tentez de trouver la bonne configuration qui vous donnera un temps d'exécution global le plus court possible sans pour autant faire plier votre application sous la charge. »

Récemment l'équipe de Denis les avait aidés à mettre en place le parallélisme d'exécution. Cela leur avait permis de réduire le temps d'exécution de leur suite de tests, devenue trop grande, en passant de sept heures trente à moins de douze minutes pour près de sept cents cas de tests

« Sur ce point je pense que nous sommes déjà sur la bonne voie, commenta Louis.

- Ok. Mais attention à ne pas vous reposer sur vos lauriers. Certains tests vont devenir inutiles. Soit parce qu'ils ne découvrent jamais d'anomalie, soit parce qu'ils concernent des fonctionnalités très stables. L'automatisation n'exclut pas le besoin d'optimisation.

- Oui, j'imagine que nous devrons faire du ménage. Bon si je résume : taux de succès, durée moyenne d'exécution, nombre de plateformes et taux de parallélisme. Ok, mais pourquoi on ne mesure pas la couverture ?

- Parce qu'elle sera toujours proche de cent pour cent. Puisque vous testez aujourd'hui toutes les fonctionnalités de façon automatisée, il n'y a presque plus d'enjeu de couverture, comme c'était le cas pour le test manuel. Avant, le temps jouait contre les équipes de test et la couverture était quelque chose de fluctuant selon les itérations. Aujourd'hui ce n'est plus un problème, alors cette information n'a que peu de valeur. »

Le troisième thème concernait l'amélioration de l'équipe elle-même.

« Je te propose, une fois par mois, de suivre deux indicateurs, commença Denis. D'abord mesurer à quel point vous respectez le Dogme…

- Le Dogme ?

- Oui, souviens-toi. Vous testez, mais seulement de façon automatisée, tout ce qui est nécessaire et suffisant pour obtenir la confiance dans le produit. C'est très simple à constater : il suffit de regarder vos feuilles de temps. »

En effet la Compagnie, comme toutes les compagnies, demandait à ses employés de remplir des feuilles de temps chaque mois. Chacun devait répartir son temps de travail sur les différentes tâches référencées. Denis proposa à Louis de tirer avantage de cet outil qui semblait n'intéresser que les comptables :

« Tu peux être certain d'une chose : tout le monde renseigne ses feuilles de temps. Il te suffit de calculer le ratio entre le temps passé à faire des tests automatisés et le temps passé sur toutes les activités de test en général. Dans le premier décompte, tu dois tout inclure : scripting, maintenance, analyse, gestion des données de test, tout, du moment que c'est lié au test automatisé. Plus vous ne ferez "que des tests automatisés", plus ce ratio sera proche de un.

- Mais aujourd'hui il n'y a rien qui différencie toutes les tâches, rétorqua Louis.

-Votre *Scrum Master*, ou votre chef de projet, n'aura pas de mal à utiliser des étiquettes dans votre outil de suivi des tâches. C'est assez facile et à la fin de chaque mois tu pourras faire le calcul avec une formule simple. On appelle ça le ratio d'effort d'automatisation des tests.

-Je vois. Ça à l'air assez simple à mesurer. J'imagine qu'aujourd'hui on n'est pas si mal puisque nous avons confié le reste des tests manuels aux analystes d'affaire.

-Ah non, tu dois compter le temps de tout le monde ! Le *Continuous Testing* c'est une affaire d'équipe au complet, pas juste le problème des testeurs.

-C'est vrai. On doit éliminer le maximum de tests manuels et peu importe qui en a la charge. Tu penses que c'est possible d'atteindre un ratio de un ?

-Peut-être dans certains cas exceptionnels, moi je ne l'ai jamais vu. Mais tu le sais, nous avons énoncé cela comme un dogme. Alors il faut tout faire pour vous en approcher. L'idée est de progresser continuellement, d'être vertueux. »

Denis en vint au second indicateur pouvant refléter l'amélioration de l'équipe. Il présenta à Louis une échelle de compétences en cinq niveaux. Le premier décrivait les caractéristiques d'un grand débutant en automatisation des tests, le dernier celui d'un expert absolu. Chacun détaillait des compétences démontrables ainsi que l'autonomie requise pour différentes tâches. Des exemples de formations en ligne étaient associés à chacun d'eux, servant de guides pour l'amélioration.

« Tu peux proposer à ton équipe de s'auto-évaluer. C'est assez facile. Chaque individu est capable de se positionner rapidement dans l'un de ces niveaux. S'ils font l'exercice régulièrement tu vas être capable de mesurer la moyenne de ton équipe. Ce que tu veux voir, c'est sa progression. Cela ne variera peut-être que de quelques centièmes de points chaque mois, mais cela doit progresser. Au tout début votre moyenne était proche de un, le niveau de base. Faites l'exercice aujourd'hui, cela te donnera une idée de votre niveau global de maturité.

- Et nous devons viser cinq, le plus haut j'imagine.

- Sûrement pas. Regarde bien. Le niveau cinq correspond à un expert absolu. Ses compétences incluent la création d'un *framework* de test automatisé depuis une page blanche. Vous n'avez pas besoin de ça. C'est mon équipe, avec des gens comme Vlad, qui font ça.

- Alors nous devons viser quel score ?

- Je n'ai pas de réponse absolue, cela dépend beaucoup de votre contexte. Je te suggère de faire l'exercice régulièrement et de voir au fur et à mesure quel score correspond à une situation confortable pour vous. Une bonne équipe est souvent hétérogène. Elle inclut des débutants qu'il faut former et des expérimentés qui les encadrent. Tout est une question d'équilibre et c'est à toi de le déterminer. »

À RETENIR

· *Les indicateurs essentiels pour le développement sont :*
  - *Le taux de conformité du produit*
  - *La probabilité de défaut par modules ou fonctionnalités*
  - *L'évolution du nombre de bugs produits par (milliers de) lignes de codes*
· *Les indicateurs du Continuous Testing Benchmark[1] sont :*
  - *Le taux de succès des tests automatisés*
  - *La durée moyenne d'un test*
  - *Le nombre de plateformes de test utilisées (tests dans les navigateurs ou sur appareils mobiles)*
  - *Le taux de parallélisme d'exécution*
· *Les indicateurs de progression de l'équipe sont :*
  - *Le ratio d'effort d'automatisation des tests[2]*
  - *Le score moyen de l'équipe, suite à l'auto-évaluation de chacun des membres de l'équipe, basé sur une échelle claire et argumentée.*
· *Le Continuous Testing est une affaire d'équipe, pas seulement le problème des testeurs !*

---

[1] *Continuous Testing Benchmark* (en anglais), SauceLabs, Mai 2019, https://bit.ly/2LNSWbp

[2] https://www.tests.vg/the-test-automation-effort-ratio/ (en anglais), Juillet 2020

15

« Ah, voilà Mona ! », saluèrent en cœur plusieurs membres de l'équipe, heureux de revoir leur ancienne coach.

Mona avait laissé la place à Max. Son rôle de coach était arrivé à son terme : elle se spécialisait dans l'accompagnement des débutants et il était désormais établi que son équipe favorite avait acquis une certaine maîtrise dans la pratique des tests automatisés. Voilà plusieurs semaines qu'elle les avait quittés et elle n'avait pas encore eu l'occasion de repasser les voir.

Auprès d'elle ils avaient beaucoup appris, mais avant tout sa bienveillance leur avait donné confiance en eux et en leurs capacités d'apprentissage. Les questions fusaient : comment allait-elle, est-ce qu'ils lui manquaient, et cette nouvelle équipe qu'elle accompagnait comment était-elle ?

« Ah, des débutants ! Ils doivent être comme nous quand tu nous as pris sous ton aile, lança Michelle en riant. Est-ce qu'ils s'en sortent avec le gestionnaire de code source ? Ont-ils déjà un peu d'expérience ?

-Oh, toutes les équipes ne se ressemblent pas, répondit Mona. Tu sais, la plupart d'entre eux avait déjà travaillé avec Java et un gestionnaire de code source, donc moins de choses à apprendre de ce côté-là. Je dois quand même leur expliquer comment tester leur application, aucun n'avait fait des tests avant. Mais l'essentiel c'est qu'ils soient curieux.

-Nous avons beaucoup avancé, tu sais, dit Michelle. Surtout nous avons réussi à rendre nos tests très robustes, ils sont devenus très stables maintenant !

-Et puis, nous avons même ajouté des nouvelles choses, continua Steve. Nous sommes capables de faire un parcours d'adhésion complet, incluant la vérification de l'e-mail. »

L'équipe avait commencé à adopter la pratique du test isolé en remplaçant les systèmes externes à son application par des *mocks*, mais il subsistait un certain nombre de tests dont l'objet était de vérifier l'intégration des systèmes. Récemment une interface utilisateur s'était ajoutée à un module du produit, elle nécessitait la création d'un compte. Lors de sa création tout mécanisme de vérification de l'adresse fournie en référence devait déclencher un ensemble d'actions dans l'application. Cependant, pour réaliser cela, un e-mail de confirmation était envoyé à l'utilisateur lequel devait cliquer sur un lien dans les dix minutes suivantes pour compléter la procédure.

« Vois-tu, expliqua Steve, nous avons créé une librairie Java, sur le modèle de celles présentes dans le *framework*. Celle-ci offre des méthodes simples qui vont récupérer l'url dans le courriel reçu. Nous l'utilisons ensuite dans le script de test. Le test est un peu long. Il doit attendre que le courriel arrive et le délai est assez variable, mais c'est le seul à être aussi long. Et puis, avec le parallélisme d'exécution, c'est invisible dans l'ensemble de nos tests.

- Je vois que vous tenez à conserver des tests les plus courts possibles. C'est bien, acquiesça Mona. En avoir quelques-un qui dérogent à la règle est acceptable si l'on sait exactement pourquoi on en a besoin.

- Oui et celui-ci en fait partie, continua Steve.»

Steve tenait à montrer plus en détail sa librairie à Mona. En se rapprochant de son ordinateur il commença à lui expliquer son fonctionnement. Elle l'écoutait avec intérêt. Steve s'était inspiré des différentes librairies existantes dans le *framework*, lesquelles étaient construites pour faciliter la vie des testeurs. Il en avait repris leurs structures, leurs philosophies et leurs conventions. Pour la connexion à la boite de courriel, il avait opté pour l'utilisation de librairies Java utilisant le protocole POP/IMAP.

« Au début j'avais choisi de consulter la boite de courriel en utilisant l'interface webmail, mais cela posait quelques soucis de robustesse. Alors je me suis dit qu'avec POP ou IMAP j'aurais moins d'aléas et cela s'est confirmé. Maintenant, quand notre script réalise le parcours d'adhésion, il attend le courriel de validation, récupère le lien, l'utilise pour confirmer l'adresse, puis termine le remplissage du profil utilisateur !

- C'est une situation qu'on retrouve dans plusieurs applications, commenta Mona. Tu devrais le montrer à Vlad, il pourrait probablement l'intégrer comme un module officiel du *framework* de test pour que d'autres équipes en profitent. »

Steve connaissait assez mal Vladimir, le collègue de Mona. Tous deux faisaient partie de l'équipe de Denis, mais Vladimir consacrait la plupart de son temps à la construction du *framework* de test de la Compagnie. En effet, le nombre d'initiatives intégrant le test automatisé dans leur pratique quotidienne ne cessait d'augmenter et de nouvelles technologies devaient être intégrées au *framework*. Récemment par exemple, Vladimir se penchait sur la capacité du *framework* à faire des tests sur les applications mobiles avec Appium. « Vlad sera bien content de l'intégrer, continua-t-elle, et ce ne sera pas la première fois. Par exemple, le module qui permet de trouver des données de test juste avant d'exécuter le script provient à l'origine d'un groupe comme le vôtre. Nous l'avons récupéré, amélioré et intégré au *framework*. C'est maintenant l'élément central du mécanisme de gestion des données de test…»

Steve était à la fois étonné de l'apprendre et fier d'imaginer que son travail pourrait servir à d'autres. Ce module de gestion de données il le connaissait bien, tous l'utilisaient dans l'équipe et le trouvaient diablement utile. En effet, les informations essentielles des données présentes dans les environnements de test avaient été centralisées dans un système géré par l'équipe de Denis. Très régulièrement les informations étaient mises à jour pour refléter la réalité de ce qui était disponible. Le module permettait d'exprimer de façon simple les caractéristiques logiques de la donnée recherchée : type de client, ses caractéristiques, les produits qu'il devait détenir ou encore les attributs de transactions récentes. Pour le testeur, il était très facile d'exprimer ces besoins grâce à ce langage simple. Le module s'occupait ensuite de traduire cela en une requête informatique qui interrogeait la base centralisée, trouvait les jeux de données appropriées et les rendaient disponibles pour les tests. L'utilisation de ce mécanisme avait beaucoup simplifié les tests bout-en-bout de l'équipe, ils n'avaient plus besoin de maintenir les données de test. Les scripts s'occupaient de trouver eux-même les jeux de données appropriés juste avant la réalisation du test.

« Ton module, s'il est intégré au *framework*, simplifiera probablement beaucoup de situations pour plusieurs de nos collègues, conclut Mona. »

Mona, Steve, Michelle et les autres membres continuèrent à partager quelques nouvelles. Le groupe était fier de ses progrès. Avec Max ils commençaient une nouvelle étape dans leur progression. Le test automatisé leur apportait une valeur notable auprès de l'équipe de développement et tout le monde percevait l'importance qu'ils avaient désormais dans l'organisation.

Mona aussi était fière d'eux. Chacun avait à cœur de bien faire et certains avaient suivi l'exemple de Michelle en se perfectionnant en Java. Désormais plusieurs d'entre eux comprenaient sans difficulté les discussions techniques de leurs collègues développeurs et se prenaient à les écouter avec intérêt. Par leurs apprentissages, ses collègues testeurs avaient réussi à combler un fossé invisible entre les développeurs et eux pour tendre à ne former qu'une seule et véritable équipe.

Avant de quitter le groupe Mona montra à Steve comment ajouter sa bibliothèque au dépôt de code du *framework*. Enfin, pour que Vladimir puisse la revoir et l'intégrer, Steve créa un *pull request*. Il venait de faire sa première contribution publique au *framework*.

À RETENIR

· *L'utilisation d'un* framework *ouvert permet la contribution externe. Vous pouvez concevoir un* framework *maison, tout en permettant l'inner-sourcing, c'est à dire la contribution provenant d'équipes de votre organisation. Les* frameworks *open source, disponibles sur internet, sont également très pertinents.*

· *Dans le cas de l'inner-sourcing, la contribution doit être aussi simple que pour un projet public : permettez aux développeurs de créer des branches sur votre dépôt de code et de faire des pull-request.*

· *Idéalement, créez des points d'ancrage (hooks) dans votre* framework*, offrant des interfaces structurées pour la création de modules ou d'extensions.*

· *Accueillez la contribution comme une excellente nouvelle : cela signifie que votre* framework *est utilisé et que ses utilisateurs jugent qu'il mérite d'être enrichi.*

· *Comme tout produit de qualité, ayez un haut niveau d'exigence concernant votre* framework*. Il serait par exemple dommage que votre* framework *de test automatisé soit... peu testé !*

16

« Vous travaillez ensemble depuis combien de temps, interrogea l'épouse de Louis ?

- Ça va faire un an qu'il m'embête presque tous les jours, ironisa Denis. Veux-tu que je te resserve ? »

Denis et son mari avaient invité Louis et sa femme à dîner. Cette soirée avait obligé le couple à une petite gymnastique d'organisation : récupérer leurs deux filles à l'école, les déposer chez les grands-parents, puis faire la route vers le centre-ville. Mais rien qui ne les aurait empêchés de partager un repas avec leurs amis.

Avant le dîner Louis et Denis s'étaient promis de ne pas monopoliser la soirée avec des discussions de travail. Jusqu'ici ils avaient tenu bon. L'apéritif et une bonne partie du repas s'étaient déroulés sans que le sujet ne surgisse dans les conversations. Mais la tentation était trop forte. La curiosité de Louis l'emporta sur sa promesse. Et finalement, il céda.

« En parlant de t'embêter, reprit Louis, j'ai vu que tu avais partagé les statistiques trimestrielles sur les tests automatisés.

-Effectivement, s'amusa Denis. Tu vas me demander quel est le groupe qui vous suit de près ?

-Oui, tu les connais ?

-Évidemment... »

Denis laissa délibérément son ami sans réponse.

« Allez, tu sais que je veux en savoir plus !

-C'est un projet qui a débuté il y a plus de deux ans. À l'époque, ils voulaient se lancer dans les tests automatisés. Nous avions commencé à les aider, mais ils ne nous ont pas écoutés. Ils ont décidé de prendre une autre voie. Les résultats étaient discutables.

-Comment-ça ?

-Ça a été un fiasco. Pendant deux ans ils ont cherché le meilleur outil, écrit plusieurs stratégies et défini des rôles sans se préoccuper des compétences de leurs testeurs. Finalement, ils n'ont jamais trouvé quelqu'un capable d'exécuter leurs plans. Il y a encore quelques mois ils n'avaient quasiment aucun test automatisé. Quand ils ont vu votre progression je crois qu'ils ont senti qu'ils faisaient fausse route. Ils sont revenus voir mon groupe pour qu'on les aide dans leur pratique des tests. Mona est avec eux depuis plusieurs semaines. Et comme tu peux le voir, les résultats sont là...

- Ils nous talonnent, reconnut Louis. Faut pas qu'on s'endorme sur nos lauriers si nous voulons rester premiers. »

Jusqu'à maintenant peu de groupes dans la Compagnie avaient atteint le niveau de l'équipe de Louis. Se savoir désormais en compétition les motivait à toujours s'améliorer. La direction scrutait également ces chiffres et les responsables étaient fiers lorsque les leurs tenaient le haut du tableau.

Le repas se terminait. Alors que tous se préparaient à aller sur la terrasse pour profiter de la fraîcheur de la soirée, Louis interpella Denis.

« Je suis un peu embêté en ce moment. On voudrait que je partage mon expérience avec d'autres équipes pour les aider dans leur transformation. Je veux bien les assister, cela me fait plaisir, mais le problème c'est que je manque de personnel pour répondre à toutes les demandes. Sans compter qu'en plus je dois continuer à livrer notre initiative.

- Je vois très bien de qui tu parles. Ils sont venus me voir aussi pour du coaching, répondit Denis. Mais le problème, c'est qu'il n'y a personne à coacher. Ils n'ont pas d'équipe de testeurs...

- Oui je suis d'accord. J'ai fait le même constat. Alors je leur ai proposé mon aide pour faire les entrevues des candidats. C'était très difficile. »

Louis expliqua à Denis les nombreux problèmes qu'il avait rencontré pendant cet exercice. En premier lieu le manque de connaissances techniques de certains candidats l'avait marqué. Ensuite il s'était heurté au problème des technologies utilisées par les postulants. Pour beaucoup d'entre eux une remise à niveau était nécessaire, pour d'autres il n'était pas question de changer d'outils. Enfin le dernier problème survenait lorsqu'un candidat maîtrisait les enjeux de l'automatisation. Il remettait en cause les choix de fonctionnement de l'équipe comme s'il n'y avait qu'une façon d'automatiser les tests et qu'aucune autre ne trouvait grâce à ses yeux, indépendamment du contexte de la Compagnie. Louis, qui avait désormais plus de recul, avait mis en garde ses collègues.

« Bref résuma Louis, au total on a épluché trente-six cv et on a recruté un seul candidat avec un bon niveau d'expertise.

- C'est parce que tu as cherché des experts. Tu aurais dû chercher des débutants.

- Mais si on recrute des débutants, réagit Louis, il faudra les former et comme ils seront sur leur initiative et nous sur la nôtre, cela nécessitera de partager notre temps. Et tu le sais bien, c'est très compliqué. Et je ne te parle même pas du boulot qu'on aura à comprendre les aspects fonctionnels de leur initiative !»

Les conjoints de Denis et Louis s'étaient installés sur la terrasse de l'appartement. Située au dix-septième étage elle offrait une vue imprenable sur les lumières de la ville. Bientôt ils allaient pouvoir admirer le dernier feu d'artifice du festival d'été. Les deux amis, eux, continuaient d'échanger dans le salon.

«Vous avez atteint un tel niveau de maturité que vous pouvez maintenant intégrer des débutants…

- …et une fois formés les envoyer dans les autres équipes ?

- Non, ce sont tes experts que tu vas envoyer dans d'autres équipes. Tôt ou tard, ils voudront relever de nouveaux défis. Il est donc préférable que tu encadres leur départ en les aidant au développement de leur carrière plutôt que cela se fasse sans que tu ne puisses donner ton avis.

- Mais si je me sépare de tous mes experts je ne vais plus m'en sortir…

- Oui, mais si tu n'envoies que des débutants, rétorqua Denis, ils ne vont pas s'en sortir n'ont plus. L'idée est d'avoir partout des équipes équilibrées. Tu vas envoyer des experts mais ils vont quand même devoir recruter des débutants, comme tu l'as fait à vos débuts. Cependant, il ne faut pas que tu laisses partir trop d'expertise. Pour cela tu peux t'appuyer sur l'indice de maturité de ton équipe. Essaie de rester au-dessus d'un niveau minimum dans lequel vous êtes confortables. Fais des simulations en enlevant des membres de ton groupe. Si ton niveau de maturité devient trop bas alors c'est que ce n'est pas le moment, ou pas la bonne personne. Mais si tu ne fais rien et qu'il est trop haut peut-être que tes experts vont s'ennuyer, ou risquer de se marcher dessus. C'est une question de dosage.

- Oui tu as raison. D'ailleurs Michelle m'a dit qu'elle aimerait bien commencer un projet de zéro.

- Et bien tu vois elle sera peut-être la première à partir dans une autre initiative. Évalue le niveau de maturité de ton équipe sans elle et regarde si tu es à l'aise. Tu ne dois pas laisser partir quelqu'un si votre niveau baisse trop. Sinon tu mets ton initiative à risque.

- Si je te comprends bien je fais ce que nous avons fait au début mais plus progressivement. J'engage des débutants pour remplacer mes experts qui vont dans d'autres groupes pour diffuser la pratique des tests automatisés.

- C'est ça ! Et il y a un effet secondaire positif à ça. Presque tous auront les mêmes pratiques. Soit ils seront passés par ton groupe, soit ils auront été formés par les experts qui étaient dans ton groupe. Ils vont donc constituer une sorte de communauté. Ils utiliseront les mêmes outils, ils partageront des préoccupations communes et leurs échanges permettront de consolider leurs expertises. »

Ils allaient se lancer dans un nouveau débat quand dans le ciel les éclats s'intensifièrent. Ils se précipitèrent vers la terrasse pour voir la fin du spectacle.

Le mari de Denis les apercevant leur lança : « Vous arrivez juste à temps pour le bouquet final ».

À RETENIR

- *Souvent, publier des statistiques objectives permettra aux équipes de se comparer et stimulera une saine compétition.*
- *Propager le Continuous Testing à l'échelle de l'organisation vous demandera d'organiser des mouvements de personnels entre vos équipes.*
- *Les employés qui prennent de l'expérience finiront par s'ennuyer s'ils n'ont pas de nouveaux défis. Vous pourrez les rendre autonomes en leur confiant par exemple la mise en place de l'automatisation dans de nouvelles initiatives.*
- *Partager globalement les mêmes pratiques au sein d'une entreprise a beaucoup d'avantages. Il est difficile de mettre en place des communautés de pratiques lorsqu'aucune pratique commune n'existe. Cela est plus simple lorsque la communauté est constituée de membres qui se connaissent, ont travaillé ensemble et collaborent quotidiennement à résoudre leurs problèmes.*

17

La salle du Palais des Congrès qu'ils avaient loué était pleine à craquer. Ses deux cents sièges n'étaient pas suffisants, obligeant bon nombre de testeurs et autres professionnels de l'ingénierie logicielle à rester debout. Tous suivaient avec attention la présentation de Jane, venue spécialement de New-York pour l'occasion. Elle participait, avec plusieurs conférenciers invités ce jour-là, à un événement inédit au sein de la Compagnie : une conférence interne sur le test automatisé. Denis et son équipe avaient senti qu'il y avait désormais un public et un intérêt suffisant pour ce type d'évènement. L'engouement des employés avait clairement dépassé leurs espérances : rapidement le nombre d'inscrits pour y assister s'était multiplié par quatre. Il avait fallu pousser les murs et trouver un lieu plus grand. Malgré les trois salles allouées par le palais des congrès, l'espace manquait.

Le programme de la conférence avait été conçu afin d'aborder le maximum de sujets en une journée. Des sessions parallèles avaient été aménagées, adaptées aux niveaux et centres d'intérêts de chacun : ici se tenait un tutoriel pour les débutants avec Selenium, là un sujet plus avancé ciblait les personnes déjà à l'aise avec l'automatisation des tests.

Jane avait fait le déplacement, comme une demi-douzaine d'autres invités, tous experts dans le domaine des tests automatisés et habitués à partager leur savoir. À la fin de sa session plénière, sur les différentes approches permettant d'analyser et optimiser la sélection des cas de test automatisés à exécuter, des questions fusèrent un peu partout dans la salle. Jane y répondit avec entrain. Après ces échanges Denis annonça la suite du programme.

« Pour terminer cette journée nous allons vous présenter les retours d'expérience de l'équipe de Louis », dit-il prenant place sur la scène.

La conférence mettait à l'honneur les présentateurs internes à la Compagnie : Vlad, l'architecte du *framework*, avait assuré le tutoriel pour les débutants en utilisant le *framework* interne, Mona avait tenu une session interactive sur l'écriture de scripts atomiques et indépendants et Denis avait embarqué Louis dans cette session de retour d'expériences sous forme d'entretien publique.

C'était un sale coup que Denis avait fait là à son ami et collègue Louis. Il savait combien ce dernier stressait facilement lorsqu'il fallait prendre la parole en public. Louis, bien qu'inquiet, n'avait pas su refuser la proposition. Ils avaient travaillé bien en amont cette présentation, leur objectif étant de passer les messages importants de façon claire et concise. Puis vint le temps des questions. Elles furent nombreuses tant la curiosité était grande. Elles tournaient autour des différentes difficultés et explorations qu'ils avaient vécues et bien évidemment de leurs résultats. Plusieurs groupes, aux prémices de l'automatisation des tests, découvraient des collègues à qui se fier pour obtenir conseils et expériences. L'équipe de Louis se manifestait en répondant directement à certaines questions du public, Michelle en tête comme à son habitude.

Puis la journée touchant à sa fin Denis remercia les différents conférenciers, l'enthousiasme des participants, ainsi que toutes les personnes qui avaient rendu l'évènement possible. Mais avant d'inviter chacun au cocktail de clôture il annonça l'arrivée d'un conférencier surprise.

Domineke, le grand patron de la Compagnie, fit son entrée dans la salle bondée. Bien que connu de tous, peu avaient eu l'occasion de lui parler, de le rencontrer. Une certaine ferveur gagnait l'assistance. Domineke, enjoué et dynamique, était un personnage charismatique et respecté. Il venait, ce jour, dire ses vérités sur le test en général et le test automatisé.

« Je suis un testeur avant d'être un CEO, commença-t-il. Il y a presque quarante ans, je débutais ma carrière comme développeur puis testeur. Donc, comme vous, je sais combien le test est une composante essentielle dans la production de logiciels. Je ne pense pas que nous puissions le négliger. Si cela l'a été dans le passé nous veillerons, vous et moi, à ce que cela ne le soit plus à l'avenir.

Nous créons des logiciels qui nous permettent de réaliser des affaires. C'est parce que nous avons le contrôle de nos logiciels que nous pouvons gagner de nouveaux contrats. Nous sommes en mesure de les faire évoluer rapidement, en adéquation avec les évolutions du marché. Mais nous ne pouvons pas le faire sans des logiciels de qualité. Et si cela est possible, c'est grâce à vous.

Vous le savez, nos marchés sont en constante transformation et cela va en s'accélérant. Il nous est demandé à tous, à vous, à moi, de faire toujours plus vite. C'est pour cela que nous avons décidé d'introduire la pratique DevOps dans notre département logiciel. Vous nous avez certainement entendus parler d'intégration continue, de déploiement en continu. Et bien nous avons adopté un virage vers le *Cloud*. L'automatisation est ce qui nous permettra d'aller plus vite. Trop souvent les tests restent manuels. Puisque nous ne pouvons pas faire manuellement plus vite, ni négliger la qualité, il me parait indispensable que nous adoptions massivement et systématiquement le test automatisé dans nos pratiques. Le test ne peut plus être le chaînon manquant de nos démarches d'automatisation. Si demain quiconque vous dit au sein de la Compagnie que nous n'avons pas le temps ou le budget pour ça, c'est un mensonge. Envoyez-le moi ! Je me ferai un devoir de lui rappeler personnellement combien, aujourd'hui, le test automatisé n'est plus une option. »

À RETENIR

· Les communautés de pratiques se créent aussi autour d'évènements... communautaires. Les conférences internes sont idéales pour prendre du recul, tisser des réseaux humains et découvrir les histoires et expériences de chacun.

· Les expériences externes sont, elles aussi, de grandes valeurs. Beaucoup de professionnels partagent volontiers leur savoir. Invitez-les à vos évènements : le partage est souvent altruiste.

· La manifestation publique du soutien de vos instances dirigeantes est une source de motivation extrêmement puissante.

18

....

« Elle est classe ta piscine. Vous l'avez faite construire ou elle était là quand vous avez acheté ?
- Elle était là. Elle a pesé lourd dans la balance pour nous convaincre d'acheter cette maison. Les filles l'adorent. Ton mari aussi d'ailleurs, il barbote encore !
- Denis, Louis... Vous reprenez quelque chose ?
- La même chose, ça serait parfait...
- Oui, la même chose. Merci ma chérie !
- Ok, donc un planteur pour Denis et une bière pour toi.
- Il vous manque un bar et un barbecue près de la piscine. La cuisine est loin...
- Oui, c'est dans nos projets. Mais on installera ça l'été prochain. Il ne reste plus beaucoup de jours pour profiter de la piscine, alors l'investissement peut attendre encore un peu…
- Papa, regarde !
- Oui ma chérie, je te vois ! Bravo ! Tu ne te baignes plus Denis ?

- Non, le planteur me va très bien pour le moment. Laissons les enfants profiter de l'eau… Et puis tu essaierais probablement de me couler, mais sans succès…
- Haha, tu as raison… j'essaierais probablement et je n'y arriverais sans doute pas…
- Toi, tu es rancunier ! Tu m'en veux encore pour la conférence. Ce n'était pourtant pas si terrible et tu t'en es bien sorti…
- Oui, mais tu sais à quel point je suis mal à l'aise dans les interventions publiques. Mais c'est vrai, j'ai trouvé ça plaisant… Ce nom, quand même… *OktoberTest* …
- Il était cool, vraiment cool, comme nom pour une conférence comme ça. Je ne vois pas ce que tu lui reproche… Et puis, je crois que nous avons touché pas mal de monde… Tu te souviens de ce testeur qui est venu nous voir, lors du cocktail de fin de journée ?
- Oui, il nous disait qu'il sentait que la pratique du test était enfin considérée. C'est vrai, c'est pas rien. Mais n'empêche, c'était quand même un sale coup de m'embarquer là dedans. Je te revaudrai ça…
- Pas en me noyant en tout cas, tu as reconnu ton incompétence dans le domaine.
- Exact. Écoute, je voulais te proposer un truc…
- Ah, qu'est-ce que tu as encore inventé ? Vas-y, raconte…

- Je me disais... on pourrait écrire un livre pour raconter toute cette histoire...

- Un livre ? Carrément ! Tu caches bien ton jeu niveau sales coups, dis donc.

- Héhé, tu ne t'y attendais pas, pas vrai ? Mais réfléchis, je suis certain que ça pourrait être utile à d'autres... Merci ma chérie pour les verres. Je peux t'aider ?

- Non, non c'est bon. Buvez vite, vous n'avez que dix minutes pour refaire le monde, pas plus ! Les filles on mange bientôt !

- Alors t'en penses quoi ? On le fait ?

- Je te le répète, c'est un sale coup ! Mais d'accord, on va le faire. Je ne sais pas où ça va nous mener, mais faisons-le...

- Haha, j'étais sur que l'idée te plairait. On voit ça après les vacances, d'accord ?

- Ah non ! N'espère pas t'en sortir comme ça : on commence demain.

- Demain ? Merde, mais dans quoi je me suis encore embarqué...

- C'est toi qui l'a proposé, assume !

- J'assume, j'assume. Bon, tout le monde est sorti de l'eau, on dirait qu'ils ont faim. Allez passons à table. »

Valentin Guerlesquin est un professionnel de l'ingénierie logicielle. Depuis plus de dix ans il s'est spécialisé dans la pratique du test logiciel. Il a occupé différents rôles au sein de plusieurs organisations, incluant la gestion d'environnements de test, la réalisation de tests manuels, l'évaluation de la performance applicative, la gestion des données de test et bien sûr l'automatisation des tests. Valentin est certifié ISTQB Full Advanced et TMMi Professional. Très attaché au partage et à l'amélioration, il a participé à la formation de plusieurs de ses pairs dans de nombreuses organisations.

Henri Bigot est un professionnel de l'informatique depuis près de quinze ans. Il se consacre à la gestion d'équipe et à la réalisation d'objectifs ambitieux. Il croit fermement en la valeur humaine, plutôt qu'aux outils ou aux processus. Il dirige aujourd'hui une équipe enthousiaste de développeurs de tests logiciels. Durant sa carrière, Henri a su se créer des opportunités riches et variées. Il a travaillé en Europe, en Asie et en Amérique du Nord, où il a pu ainsi s'imprégner de cultures différentes.

Toutes les marques commerciales et déposées citées dans cet ouvrage sont la propriété de leurs détenteurs respectifs.

Les auteurs déclarent n'avoir, au moment de l'écriture de cet ouvrage, aucun intérêt financier dans aucune des marques citées, ni dans celles qui pourraient leur faire concurrence.

Cet ouvrage est un roman. Les personnages et situations sont fictifs, et les propos tenus ne sauraient être associés, de quelque manière que ce soit, à des personnages ou situations existant ou ayant existé.

Cet ouvrage est protégé par le droit d'auteur.

© 2021
Dépôt légal Février 2021
ISBN 9798588641739

Merci aux relecteurs Grégory, Brigitte et Pascal pour le temps qu'ils nous ont consacré et leurs remarques avisées.

www.ingramcontent.com/pod-product-compliance
Lightning Source LLC
LaVergne TN
LVHW051327050326
832903LV00031B/3415